I dedicate this book to Rita

My love and closest friend

JOSEPH SHEPPARD

50 YEARS OF ART
50 ANNI D'ARTE

Self Portrait, *1995* (Oil on panel) - ***Autoritratto*** (*Olio su pannello*) 30 x 24 (76.2 x 61)

CREDO

I believe that technical skill is still an important element in art.

I believe that there is no object to non-objective, that minimal is less, that junk sculpture is junk and form in painting relates to the illusion of three dimensions.

My art is based on the return to those standards which demand the knowledge of composition, perspective, color, three dimensional form, draftsmanship and anatomy.

Credo che la tecnica sia ancora un elemento importante nell'arte.

Credo che non ci sia nessun motivo per essere poco obbiettivi. Che il minimalismo sia una cosa minima. Che la junk art — l'arte spazzatura — sia, appunto — junk — spazzatura e che la forma in pittura rimandi all'illusione tridimensionale.

La mia arte è basata sul ritorno a quegli standard che richiedono la conoscenza della composizione della prospettiva, del colore, della forma tridimensionale, dell'arte del disegno e dell'anatomia.

Self Portrait, *1980* (Chalk)
Autoritratto (Gesso)
14 x 10 (36 x 25.5)

Photographs artwork / *fotografie opere:*
Marcello Bertoni, Firenze, Italy
Morton Tadder, Baltimore, Maryland, USA

House and other photos / *casa ed altre foto*:
Brooks Walker, Greenland,
Karl- Dietrich Bühler, Genova, Italy

Translation / *traduzione*:
Luisa Piussi

English proof reader / *correzione bozze inglese*:
Susan Brenner

Printing / *stampa*:
Arti Grafiche Giorgi & Gambi, Firenze, Italy

All paintings are painted on canvas
except the self portrait on page 2 which is on panel.
They are all painted in the Maroger Technique.
Tutti i quadri sono dipinti su tela
eccetto l'autoritratto di pag. 2 che è su tavola.
Sono tutti dipinti con la tecnica Maroger.

Measurements are inches first then centimetres
Le misure sono espresse prima in pollici poi in centimetri

ISBN 0-9710975-0-X

Sheppard, with his artistic work, takes us back to the deepest and most authentic essence of painting and sculpture.

The recovery of forms, of technique, immediately cancels "junk art" which in the past decades has obscured the minds and the artistic "vis" of the young generations, to the point of losing the traditional classic school reference.

As Sheppard himself states in his "credo", his art is based «on the return to those standards which demand the knowledge of composition, perspective, color, three dimensional form, draftsmanship and anatomy».

The bodies in his drawings and sculptures recall the studies by Leonardo da Vinci, an expert in every art and skill.

50 years of art represent the story of a life, spent among colors, workshops, marble and bronze craftsmen, to whom the Maestro tributes a right and proper homage: and the Church of St. Agostino, the cloister, and all the rooms of the "Luigi Russo" Cultural Center are a suitable frame for the portraits dedicated to the most famous of these craftsmen.

Pietrasanta, the twenty-fourth of May two-thousand-and-one

Councillor for Culture
Massimiliano Simoni

Sheppard, con la sua opera artistica, ci riporta all'essenza più profonda ed autentica della pittura e della scultura.

Il recupero delle forme, della tecnica, cancella in un istante l'"arte spazzatura" che negli ultimi decenni ha ottenebrato le menti e la "vis" artistica delle giovani generazioni, facendo perdere i riferimenti di lunga tradizione di scuola classica.

Come egli stesso dice nel suo "credo", la sua arte è basata «sul ritorno a quegli standard che richiedono la conoscenza della composizione, della prospettiva, del colore, della forma tridimensionale, dell'arte del disegno, e dell'anatomia».

I corpi dei suoi disegni e delle sue sculture ricordano gli studi di Leonardo da Vinci, esperto in ogni arte e mestiere.

50 anni di arte rappresentano la storia di una vita, trascorsa tra colori, laboratori e artigiani del marmo e del bronzo, a cui il Maestro tributa il doveroso omaggio: e degna cornice dei ritratti dedicati ai più famosi di loro sono la Chiesa di S. Agostino, il chiostro e le sale tutte del Centro Culturale "Luigi Russo".

Pietrasanta, lì ventiquattro maggio duemilauno

L'assessore alla Cultura
Massimiliano Simoni

The Exhibition and Book have been realized by the generous collaboration of the following sponsors

La mostra e il catalogo sono stati realizzati con la generosa collaborazione dei seguenti sponsor

BUTLER INSTITUTE OF AMERICAN ART

FONDERIA D' ARTE MASSIMO DEL CHIARO

JACK AND JEAN LUSKIN PHILANTHROPIC FUND.

FORBES FOUNDATION

HARVEY M. MEYERHOFF FUND.

DOROTHY L. AND HENRY A. ROSENBERG JR. FOUNDATION INC.

CHARLOTTE TRUESDELL

THE WALTERS MUSEUM OF ART

CONTENTS - INDICE

FOREWORD - PREFAZIONE

There are many ways to react when we are in front of a painting. In front of the "Gioconda" by Leonardo we are astonished and incredulous. If we look at Grunewald, terrified by the length of the thorns and frightened by the audacity of the first authentic painted martyrdom. What reactions do we have looking at a painting by the American, Joseph Sheppard? Amazement. Because his skill arouses admiration. He is almost execessively skilled, hence… wonder and perplexity.

Joseph Sheppard, born in Owing Mills, Maryland in 1930, exhibits at the St. Agostino church in Pietrasanta starting September 29 this year. I had never seen a contemporary artist paint, draw, sculpt marble or bronze, bringing such inspiration to the composition, the form and the perspective of classical art, as Sheppard does. I remember seeing, in the '40's in Italy, the work of Gregorio Sciltian, loved and admired even by Giorgio de Chirico for the perfection with which he reproduced in painting, the truth of a face or of those details, fingernails, hands, eyes: without forgetting the famous "expression" which, in those years, represented the inner truth very much requested by those sitting or buying a painting. What is new is that Sheppard belongs to this school, and gives you the certainty that the person portrayed is actually that, and physically true: to which he adds, when he feels like it, the unpredictable ironical variation of the "heroicalness or impudence of our time". This exhibition commemorating his 50 years of work reminds us of these antique masters, but seen through his personal narration. Sheppard displays twenty large paintings, twenty large drawings, twelve portraits of Pietrasanta craftsmen, an homage which has never before been dedicated to their skill, to close with fifteen sculptures. Who are the protagonists of his sensational skill? To tell the truth, looking at his inventions I feel thrown out of my time, because I have been accustomed, for years, to write on the loved comtemporary: Alberto Giacometti, Bacon, Balthus, de Chirico. The art of Joseph Sheppard takes me back a lifetime, as if the time of school readings or the reproductions of the ancient art masterpieces were about to reemerge. Their memory is here. And the painting, the drawing, and the sculpture of this American make me believe in the existence of this way of working: his.

It captures me through persuasion. The people we meet in bars, supermarkets, in big cities, in sport centers at the end of a boxing fight, are his subjects: they are so real and recognizable with our time, to the point we exclaim: "but I've just seen these guys". His "Icarus" which I want to take as an example of a classical spirit close to us, in fact has the face of a teenager who could be walking around wearing a T-shirt and jeans. The same aspect applies to the "Two Girls" or to the terrific gang of hoods wearing dark glasses in the "Provincetown Bar" which seems taken from a shot of a popular movie. Am I paying a compliment to the challenge of his way of working? Or is it my certainty that his theatre is necessary in order to keep afloat, astonished or incapable of finding another solution that can match his? I asked about Sheppard in Pietrasanta, a city of foreign artists and craftsmen unique in the world for their skill. Everybody knows him, him and his life. And I want to repeat my admiration for the homage he pays in the paintings dedicated to the famous Pietrasanta craftsmen: I will mention only the one which he made of one of the most famous, Enzo Pasquini: "terrific" as you say in America for the skill in treating the marble of the Apuane mountains as a kin, a close relative. In the bust "Woman with Flowers in her hair" I recognize that Sheppard's hand is at home in Pietrasanta. The air is there, no doubt about it. It's enough to leave you breathless, because all the subjects that are in a Sheppard character, have the identity card of truth: they are our contemporaries invented by nature, but painted by Sheppard. The beauty of his paintings is the sum total of beauties. And Sheppard, a devil of our time, with the face of a popular actor, has not backed out from this confrontation that makes him range, as if the entire figurative system had burst open, when he portrays the boys under the shower as well as when he paints the American "rock & roll", or the beautiful nude girl with a sheet. Sheppard seems to have a kinship with the other world: antiquity presses him, but seen with eyes of the year 2000. His is a battle won by a virtuoso who entertains us with anything he wants. I am tempted to believe in anything he invents.

Giorgio Soavi

Ci sono svariati modi di reagire quando ci troviamo di fronte a un quadro. Davanti alla "Gioconda" di Leonardo restiamo allibiti e increduli. Se guardiamo Grunewald, atterriti dalla lunghezza delle spine e spaventati dalla audacia del primo autentico martirio dipinto. Che reazioni abbiamo guardando i quadri dell'americano Joseph Sheppard? Stupore. Perché la sua bravura suscita ammirazione per eccesso di bravura. È fin troppo bravo, quindi… stupore e perplessità.

Joseph Sheppard, nato a Owing Mills, Maryland nel 1930, espone nella chiesa di S. Agostino a Pietrasanta dal 29 settembre di quest'anno. Non avevo mai visto un artista del nostro tempo dipingere, disegnare, o scolpire il marmo o il bronzo ispirandosi alla composizione, alla forma e alla prospettiva dell'arte classica come fa Sheppard. Ricordo che negli anni quaranta, in Italia, lavorava Gregorio Sciltian, amato e ammirato anche da Giorgio de Chirico per la perfezione con la quale, in pittura, rifaceva la verità di un volto o di quei dettagli, le unghie, le mani, gli occhi: senza dimenticare la famosa "espressione" che, in quegli anni, rappresentava la "verità della somiglianza", molto richiesta da chi posava o comprava quadri. La novità è che Sheppard appartiene alla sua scuola. E ti dà la certezza che la persona ritratta sia proprio quella, e fisicamente vera: alla quale aggiunge, quando gli va, la imprevedibile variante ironica dell'"eroismo o improntitudine del nostro tempo". Che ci ricorda lo spettacolo antico visto attraverso il suo personale racconto. In questa mostra allestita per ricordare i suoi 50 anni di lavoro, Sheppard espone venti grandi quadri, venti grandi disegni, dodici ritratti di artigiani di Pietrasanta — un omaggio mai prima dedicato alla loro bravura — per concludere con quindici sculture. Chi sono i protagonisti della sua clamorosa bravura? Devo dire la verità: guardando le sue invenzioni mi sento scaraventato fuori dal mio tempo, perché sono abituato, da anni, a scrivere sugli amati contemporanei: Alberto Giacometti, Bacon, Balthus, de Chirico. L'arte di Joseph Sheppard mi riporta indietro di una vita, come se il tempo delle letture fatte sui libri di scuola, o le riproduzioni dei capolavori dell'arte antica stessero per riemergere perché la loro memoria è qua. E la pittura, il disegno e la scultura di questo americano mi fanno credere all'esistenza di questo modo di lavorare: il suo. Che mi cattura per convinzione. La gente che incontriamo al bar, nei supermarket, nelle grandi città, nei centri sportivi alla fine di un match di boxe, somiglia ai suoi attori: talmente veri e riconoscibili con il nostro tempo, da farci esclamare: ma questi tipi io li ho visti poco fa. Anzi: sempre. Il suo "Icaro" che voglio prendere come esempio di una "classicità" a noi vicina, ha infatti il volto di un teenager che potrebbe andarsene in giro in T shirt e blue jeans. Stesso aspetto quando si tratta delle "Due ragazze" o dello strepitoso mucchio di ragazzacci con occhiali neri nel "Provincetown Bar" che sembra preso da una inquadratura di un film di successo. Sto facendo un complimento alla sfida del suo modo di lavorare? O la mia testa si è bloccata davanti alla certezza che il suo teatro è necessario per restare a galla, sbalorditi o incapaci di trovare un'altra soluzione che faccia il paio con la sua? Ho chiesto di Sheppard agli stranieri artisti che vivono a Pietrasanta, una città di artigiani unici al mondo per bravura. Tutti lo conoscono, lui e la sua vita. E voglio ripetere la mia ammirazione per gli omaggi da lui fatti nei disegni dedicati ai famosi artigiani pietrasantini: cito per tutti quello fatto a uno dei più famosi, Enzo Pasquini: "terrific" direbbe lui in America per la bravura nel saper trattare come un parente stretto il marmo delle Apuane. Nel busto della "Donna con fiori tra i capelli" riconosco che la mano di Sheppard sta proprio di casa a Pietrasanta. L'aria è quella, senza alcun dubbio. C'è da rimanere senza fiato perché l'insieme dei soggetti che stanno in ogni personaggio sheppardiano, sono le carte di identità della verità: i nostri contemporanei inventati dalla natura, ma dipinti da Sheppard. La bellezza dei suoi dipinti è una somma di bellezze: e Sheppard, un diavolo del nostro tempo, con un volto da attore di successo, non si è sottratto a questo confronto che lo fa spaziare, come se tutto il sistema figurativo si fosse spalancato davanti agli occhi, quando ritrae i ragazzi sotto la doccia come quando dipinge il "rock & roll" americano, o la bella ragazza nuda con un lenzuolo addosso. A Sheppard sembra non manchi una parentela con l'al di là: l'antichità gli sta addosso, ma vista con gli occhi del 2000. La sua è dunque una battaglia vinta da un virtuoso che ci intrattiene con tutto quello che vuole. Sono tentato di credere in tutto quello che inventa.

Giorgio Soavi

An American in Pietrasanta

JOSEPH SHEPPARD
FIFTY YEARS OF ART

Fifty years of art. If you consider that he is about seventy years old today, Joseph Sheppard displays in this commemorative exhibition everything he has learned and revised since he first came in contact with pencils and brushes when he was very young, and, shortly later, with the tridimensionality of plastic art, since he is both painter and sculptor at the same time. He shows, most importantly, the results achieved through progressive maturations which this sampling quickly synthesizes with excellent reference points. In particular, he lingers on the recent expressive achievements, proving that the extraordinary disposition to precisely observe the real has not weakened in half a century of activity but, on the contrary, by being used most rationally, has found a way to assert itself more, especially in the most congenial situations. Hence the language of which Sheppard is the standard-bearer in the group of those defending the realist—a crowd thinned out by the compact assault carried out by "a search for the new"—but today clearly recovering, justly defending its spaces since the "searchers" themselves have gradually become less conscious of the tasks assigned to them by history. And this recovery is carried out by the portrait. What I mean to say is that this specialization, in which different problems of great aesthetic as well as functional interest merge, has suffered the effects of a wavering critical attention in which there has been an

The studio
Lo studio

alternation in time between the priority of the purpose of "physical resemblance" as regards the subject (mimesis or versimilitude) and that of the interpretation of the subject itself: not only as regards the physiognomic accuracy, maybe regarded as not indispensable, but also from a moral point of view in the relationship man creates with society; on the contrary assigning a prominent value to this social factor. It has taken some time to realize that even in the so-called realistic identification between the subject and the painting (or the sculpture), portraying it is always a sort a idealization! Anyhow, in this bipolarity, in the scope of which he has gone a long way in the journey that has brought him to today, the portrait has wavered between the two poles because of the change of customs and taste which often have had a strong influence on aesthetics. Therefore, the enhancement or the disparagement of the resemblance in the portrait, and the "rehabilitation" which has been recently taking place. Because of the emphasis of currents similar to realism (as in the case of pop-art or hyperrealism) which have mitigated the contrast, Sheppard's works are under a more suited light. After all, Sheppard did not have inviting alternatives to the commitment with which he has carried out his assignment with the usual enthusiasm stimulated by his extraordinary technical skill. And the commitment, ideal support of that way of painting of his, continues to stimulate him when facing the demands his creativity expresses in confronting the dual concept of art and society.

It has often been said that the American painter (for many years now a resident of Pietrasanta) has learned the language from the great masters after having followed with interest the cubist "revolution" and in particular the one acted by its main representative, Picasso. The passage, undoubtedly traumatic for anyone, from the cubist theory to the revisitation mediated by the painting of the Dutch Caravaggisti and especially of Vermeer, or of Rubens, has not intimidated Sheppard. He has won the esteem of distinguished critics at an international level, besides the increasing favor both in his country and abroad, thanks to the tenacity displayed in acquiring the mastery of the tools greatly needed by his art, because of its influence on the degree of the plastic values of the painted image, especially the use of a rich palette capable of highlighting or balancing—as one can notice today—the contrasts offered by light to the composition as a co-primary element, together with that strong, constructive unhesitant drawing, structurally aimed at the re-appropriation of reality.

I have followed Sheppard since his first one man show in Italy, at the Spinetti Gallery in Florence, and soon after at the Galleria Alcyone. It was the Spring of 1977. The artist was known by his successes in the United States, by the prestigious Guggenheim Fellowship he had won, by the publication of texts on drawing (the female and male figure) which were being discussed also in the Italian artistic milieu. What aroused particular curiosity was the announced imminent publication of a volume devoted to the Baroque, concerning the painting technique which had characterized that style during the seventeenth century. Legitimate curiosity since Sheppard concretely shared this technique precisely with his paintings inspired by the art of Rubens, where the expression of the Westphalian painter hinted to some assonance with the still young stylistic trend. But a greater identity of Sheppard with his inspiring model was revealed in the portrait, a genre in which Rubens banished any attempt of psychological insight in order to enhance the reality offered by the features of a face or of a body as triumphant expression of nature. The concomitance of the appreciation of Vermeer's expression act as an effective mediation, for some aspects, between the two sources: from the Dutch Caravaggisti to Rembrandt... the luminous self-portrait in which the drawing of 1980 foretells symbolically the technique he derived from Rembrandt. Clearly the self-portraits, especially if realized with a cyclic pace, represent very effective reference points along the course of every artist since they document with a certain rhythm the stylistic evolution, in a form which is easily readable and measurable thanks to the continuity of the subject (who is always the same even though marked, actually not always spitefully, by the passing of time). In a 1995 self-portrait, Sheppard, specularly represented with the paintbrush in his left hand and his glasses in his right, exhibits his extraordinary drawing and painting skills to the point that this painting has become the "logo" of his presence in contemporary art: a sort of love-hate to which the painter devotes the happy consciousness of not alienating, in an age that carries man to interplanetary space, the fundamental elements of tradition. He reflects the creation as it has appeared since the beginning, and if sometimes this presence expresses itself as a documentary note, one can feel the intention of pronouncing warnings in the whimsical outbreak of adventures, not always innovatory, of the prevailing eclecticism which characterizes a considerable portion of the artistic activity expressed in the second half of the century recently passed. However, Sheppard's painting is careful, somehow, in respecting the suggestions that attempt to open some sort of breach in the future existence of man, but at the same time defends the inalienable

pleasure of inserting between the facets of contemporary art, a bridge which allows us to remember the historic achievements of painting. With his example he defends its seriousness of commitment, rightful in any choice of language, in order to conjugate within it the poetry that art of all ages carries along.

It is an important commemoration, therefore, today. And the Maryland artist celebrates it with some twenty large paintings, realized in different periods, some of which, among the most recent, display a multitude crowding the painting: a multitude articulated in cyclopean dynamic orchestrations, occasionally bringing to life lively scenes of a current narration, as the reproduction of a popular beach presenting the hallucinated scene of a set of individuals assembled in an incommunicability worthy of a psychiatric treatise. The same number of large drawings emphasize the perfection, reached thanks to the use of graphite, in expressing to the smallest detail the human figure, and the nearly Berninian drapery; and the scenes of intensive movement, as in the preparatory study of a painting dedicated to the Palio in Siena, itself an excellent work of art... And beautiful images denouncing abnormal conditions of modern slavery... And fifteen sculptures, in marble and in bronze, which transfer in the volumetric evidence of sculpture the fantastic softness of the female nudes as well as the tough "frown" of the males... The terrific selection is displayed in the prestigious St. Agostino church in Pietrasanta, the attached cloister, and in the rooms of the Luigi Russo cultural center looking over it; settings accustomed to display the works gradually realized in the Pietrasanta workshops and foundries by prominent protagonists of international art. As I was saying, the exhibition is completed by twelve portraits of Pietrasanta craftsmen with whom Sheppard works: features standing out for the Tuscanity which characterizes their attitude and the nature of their features genetically inherited from the Etruscan people. Maybe Sheppard is about to go back to the roots in the deep revisitation of this territory of ours, which has always given vital contributions; pausing on the way to get his breath back.

Tommaso Paloscia

CINQUANT'ANNI D'ARTE PER JOSEPH SHEPPARD

Cinquant'anni d'arte. Se si considera che oggi ne conta una settantina, Joseph Sheppard rivela in questa mostra celebrativa tutto quanto ha appreso e riproposto da quando, giovanissimo, ha avuto i primi contatti con le matite e i pennelli, e, appena più tardi, con la tridimensionalità dell'arte plastica, giacché egli è pittore e scultore insieme. Ne mostra, ovviamente, i risultati più importanti conseguiti attraverso maturazioni progressive che le campionature sintetizzano rapidamente con ottimi punti di riferimento. Soprattutto si sofferma sulle conquiste espressive recenti, come a dimostrare che la straordinaria attitudine a osservare puntualmente il reale non soltanto non si è affievolita in mezzo secolo di attività ma anzi, essendo utilizzata vieppiù razionalmente, ha trovato il modo di farsi valere in maggiore misura, specie nei settori meglio congeniali. Per cui il linguaggio che vede in Sheppard il portabandiera nella compagine dei difensori del vero — una schiera sfoltita dall'assalto compatto condotto dalla ricerca ma oggi in netta ripresa — difende giustamente i propri spazi in quanto i "ricercatori" stessi si sono fatti sempre meno consapevoli dei compiti affidati loro dalla storia. Ed ecco dunque la riconquista operata dal ritratto. Intendo dire che questa specializzazione, nella quale si fondono diverse problematiche di alto interesse estetico ma anche funzionali, ha subito gli effetti di una altalenante considerazione critica variando nel tempo ora il prevalere del fine "somiglianza fisica" rispetto al soggetto (mimesi o verosimiglianza) ora di quello relativo alla interpretazione del soggetto medesimo: non soltanto per quanto si riferisce alla fedeltà fisionomica ritenuta magari non indispensabile ma anche sotto l'aspetto morale nel rapporto che l'uomo intesse con la società; anzi affidando a questo dato sociale un valore preminente. Ce ne è voluto di tempo per accorgersi che in ultima analisi anche la cosiddetta identificazione veristica tra il soggetto e il dipinto (o scultura) che lo ritrae è sempre una sorta di idealizzazione! Ad ogni modo in questo bipolarismo, nel cui ambito ha percorso il lungo itinerario che lo ha condotto sino ai nostri giorni, il ritratto ha avuto accostamenti alterni all'uno o all'altro polo per via del mutare dei costumi e del gusto che spesso hanno esercitato una forte influenza sull'estetica. Di qui l'esaltazione o, come accade per la moneta, la svalutazione della rassomiglianza nel ritratto. E la "riabilitazione" da qualche tempo in atto, per via dell'accentuarsi di correnti analoghe al verismo (si veda la pop-art oppure l'iperrealismo) che hanno attutito il contrasto, pone le opere di Sheppard sotto una luce più appropriata. Del resto Sheppard non aveva allettanti alternative all'impegno col quale ha assolto il suo compito con l'entusiasmo di sempre che la altissima proprietà tecnica ha stimolato per lui. E l'impegno, supporto ideale di quel suo modo di dipingere, continua a stimolarlo di fronte alle esigenze che la propria creatività va manifestando confrontandosi col binomio arte e società.

Si è detto spesso che il pittore nordamericano (residente da molti anni a Pietrasanta) ha appreso il linguaggio dei grandi maestri dopo aver seguito con interesse la "rivoluzione" cubista e in particolare quella operata dal suo maggiore esponente, Picasso. Il passaggio, certamente traumatico per chiunque, dalla teorica cubista alla rivisitazione mediata della pittura dei caravaggeschi olandesi e più sentitamente di Vermeer, o quella di Rubens, non ha intimidito Sheppard il quale si è guadagnato il consenso di emeriti critici sul piano internazionale, oltre che le simpatie via via crescenti dentro e fuori il suo paese; e ciò anche per la tenacia mostrata nell'acquisire la padronanza degli strumenti di cui la sua arte ha grande necessità incidendo sulla scala dei valori plastici nell'immagine dipinta. Soprattutto nell'uso di una tavolozza ricca e capace di evidenziare o di equilibrare — come oggi si nota — i contrasti che la luce offre alla composizione quale elemento coprimario, insieme con quel disegno forte, costruttivo, sicuro, strutturalmente diretto alla riappropriazione della realtà.

Avevo seguito Sheppard dalla sua prima mostra personale realizzata in Italia e precisamente alla galleria Spinetti di Firenze e subito dopo alla Galleria Alcyone. Era la primavera del 1977. L'artista era stato preannunziato dai successi conseguiti negli Stati Uniti, dalla conquista del prestigioso Guggenheim Fellowship, dalla pubblicazione di alcuni testi sul disegno (figura femminile e quella maschile) di cui si parlava anche negli ambienti artistici italiani. In particolare incuriosiva l'annunciata imminente apparizione di un volume dedicato al barocco, relativo alla tecnica pittorica che aveva caratterizzato quella corrente nel corso del diciassettesimo secolo. Curiosità legittima in quanto Sheppard ne dava una sostanziale condivisione proprio con le sue pitture ispirate all'arte del Rubens là dove l'espressione del pittore westfaliano alludeva a certe assonanze con l'ancor giovane tendenza stilistica. Ma una maggiore identità di Sheppard con il suo modello ispiratore si rivelava appunto nel ritratto, vale a dire un genere in cui Rubens bandiva appunto qualsiasi tentativo di indagine psicologica per esaltare la realtà offerta da un volto o da un corpo come espressione trionfante della natura. La concomitanza dell'apprezzamento del modo di esprimersi di Vermeer farà sotto certi aspetti efficace mediazione fra le due fonti: dal caravaggismo olandese a Rembrandt (per qualche autoritratto luminescente di cui il disegno

del 1980 diviene emblematico negli apprendimenti tecnici derivati dall'arte di quest'ultimo). È chiaro che gli autoritratti, soprattutto se realizzati con cadenza ciclica, costituiscono validissimi punti di riferimento lungo l'itinerario di ogni artista poiché ne documenta con un certo ritmo l'evoluzione stilistica facilmente leggibile e quantificabile per la continuità del soggetto (che è sempre il medesimo anche se vi incide, non sempre dispettosamente in vero, il trascorrere del tempo); e in uno del 1995 specularmente riprodotto con il pennello nella mano sinistra e gli occhiali nell'altra, Sheppard offre un alto saggio delle sue grandi capacità disegnative e pittoriche sì che se ne è fatto meritatamente il "logo" della sua presenza nell'arte contemporanea: una specie di amore-odio al quale il pittore dedica la felice consapevolezza di non alienare, nel tempo che porta l'uomo nello spazio interplanetario, gli elementi fondamentali della tradizione. La sola a rispecchiare il creato come questo si prospettava sin da quando era il principio. E se talvolta questa presenza può manifestarsi sotto l'aspetto di nota documentaria, vi si avverte anche l'intento di pronunciare moniti nel bizzarro scatenarsi delle avventure non sempre innovative di cui l'eclettismo imperante caratterizza buona parte dell'attività artistica espressa nella seconda metà del secolo appena archiviato. Comunque anche la pittura di Sheppard è attenta in qualche modo a rispettare le proposte che tentano di aprire un qualche varco nell'esistenza futura dell'uomo, ma allo stesso tempo difende il piacere inalienabile di inserire fra le sfaccettature dell'arte contemporanea un linguaggio-ponte che non faccia dimenticare le conquiste storicizzate della pittura. Ne difende col proprio esempio la serietà dell'impegno, doverosa in qualunque scelta di linguaggio, perché vi si coniughi la poesia che l'arte di tutti i tempi si porta dentro.

Una celebrazione importante dunque è quella di

oggi. E l'artista del Maryland la solennizza con una ventina di quadri di grandi dimensioni, realizzati in varie epoche, in alcuni dei quali, fra i più recenti, le moltitudini che affollano il dipinto si articolano in ciclopiche orchestrazioni dinamiche, talvolta dando vita a vivissime scene di un racconto attuale, come appare la rappresentazione di una spiaggia alla moda che presenta lo scenario allucinante di un insieme di individui assemblati in una incomunicabilità degna di un trattato psichiatrico. Altrettanti disegni di grandi dimensioni che sottolineano la perfezione raggiunta dall'impiego della grafite nell'esprimere sino nel dettaglio la figura umana ed i panneggi quasi berniniani e le scene di grande movimento come nello studio preparatorio di un dipinto dedicato a un'ammucchiata del Palio di Siena che è già di per sé un quadro eccellente... E immagini stupende che denunciano persino certe aberranti condizioni in schiavitù moderna... E quindici sculture parte in marmo e parte in bronzo che trasferiscono nelle evidenze volumetriche della scultura tanto le fantastiche morbidezze dei nudi femminili quanto il rude "cipiglio" di quelli virili... Completano la spettacolare selezione, che è ospitata nella prestigiosa chiesa di S. Agostino a Pietrasanta e nell'annesso chiostro sul quale si affacciano le sale del centro culturale Luigi Russo — luoghi ben adusi a esporre le opere via via realizzate nei laboratori e nelle fonderie pietrasantine da eminenti protagonisti dell'arte internazionale — completano la rassegna, dicevo, dodici ritratti di artigiani di Pietrasanta con i quali Sheppard ha rapporti di lavoro: fisionomie stagliate nella toscanità che ne caratterizza l'atteggiamento e nelle fattezze dei volti geneticamente ereditate dalla gente etrusca. Può darsi che Sheppard si accinga a rifarsi alle radici nella rivisitazione più profonda di questo nostro territorio che all'arte ha dato contributi vitali da sempre. Con qualche sosta per riprender fiato.

Tommaso Paloscia

Square in Pietrasanta
Piazza a Pietrasanta

13

JOSEPH SHEPPARD AND THE BALTIMORE REALISTS
JOSEPH SHEPPARD E I REALISTI DI BALTIMORA
THE EARLY YEARS - I PRIMI ANNI

1 Back Porches, *1956*
 Terrazzi sul retro
2 The Block, *1954*

3 The Kiss, *1959*
 Il Bacio
4 Girl in a Slip, *1953*
 Ragazza in sottoveste

5 Burlesque Theatre, *1954*
 Spettacolo di spogliarelli
6 Two Girls, *1957*
 Due ragazze
7 Laura Lee, *1953*

acques Maroger

Mrs. John Work Garrett - *Sig.ra Work Garrett*

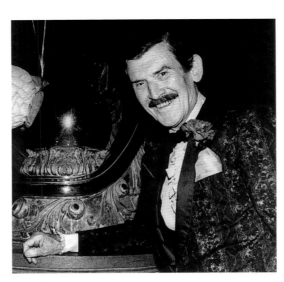

R.P. Harriss

to Baltimore and introduced him to Hans Schuler, Sr., president of The Maryland Institute of Art. Mr. Schuler hired Maroger to teach at the Institute, which he did until 1959. From 1940 until 1954 Maroger commuted to Baltimore from New York, teaching classes a few days a week. Only in 1954, two years after Mrs. Garrett died, did Maroger relocate to Baltimore and move into the studio that Mrs. Garrett had built on her estate. For many years, Mrs. Garrett had been saying to Maroger that if anything happened to her, the studio could be his. Although Mrs. Garrett left nothing in writing, the members of the board of the Evergreen House Foundation which she established very enthusiastically gave the studio to Maroger for his use as a studio and as a place to live until his death in 1962.[1] Introducing Maroger to Hans Schuler, Sr. and helping him secure a teaching position is just one example of the kind of generous, multi-dimensional patronage Mrs. Garrett bestowed on contemporary artists whose work she believed in and supported. Artists loved Mrs. Garrett's patronage for she developed lasting friendships with many of the artists from whom she purchased art. But what artists really appreciated about Mrs. Garrett was the very serious attention she gave to her own painting. Mrs.

Nei primi anni '40, Baltimora emerse come importante centro del realismo nell'arte. Tale inatteso sviluppo ebbe inizio con l'arrivo di un insegnante in particolare al Maryland Institute of Art e, ovviamnte, il mecenate che rese possibile quell'incarico accademico. Ulteriore stimolo all'emergere del realismo a Baltimora fu la presenza di un noto critico d'arte i cui scritti introdussero il profilo dei pittori realisti locali quando l'attenzione nazionale era rivolta ad artisti immersi nel modernismo. Di pari importanza fu l'arrivo al Maryland Institute of Art di diversi studenti predisposti a trarre vantaggio da queste coincidenze del destino. Jacques Maroger era l'insegnante, Alice Warder Garrett era la mecenate, R.P. Harris era il critico, e Joseph Sheppard era uno degli studenti che sarebbe diventato noto a livello nazionale come Baltimore Realist.

Il rapporto storico tra Alice Warder Garrett, la mecenate dell'arte americana e proprietaria della Evergreen House di Baltimora, e Jacques Maroger, il pittore francese ed ex direttore tecnico del laboratorio del museo Louvre, durò oltre due decenni. La Garrett era amica, mecenate e studente di Maroger. Non si sa con esattezza quando la Garrett conobbe Maroger, ma è certo che l'avesse conosciuto a Parigi prima del 1934. La Garrett visse a Parigi dal 1914 al 1917 quando suo marito John Work Garrett era Agente Speciale presso il Dipartimento di Stato responsabile dei prigionieri di guerra civili, e tornò a Parigi nel 1934 dopo che il marito aveva concluso il suo incarico di ambasciatore in Italia e si era ritirato dal corpo diplomatico. Dopo essere tornata a Baltimora, la Garrett rimase in contatto con Maroger e lo incoraggiò ad immigrare negli Stati Uniti. Cosa egli fece nel 1939, stabilendosi a New York e prendendo un incarico di insegnamento presso la Art Students League a New York. L'anno seguente la Garrett portò Maroger a Baltimora e lo presentò a Hans Schuler, Sr., l'allora presidente del Maryland Institute of Art. Schuler dette a Maroger un incarico di insegnante presso l'Institute, che egli mantenne sino al 1959. Dal 1940 al 1954 Maroger fece il pendolare tra Baltimora e New York, facendo lezione alcuni giorni alla settimana. Solo nel 1954, due anni dopo la morte della Garrett, Maroger si trasferì a Baltimora e si stabilì nello studio che essa aveva costruito sulla sua proprietà. Per molti anni la Garrett aveva detto a Maroger che qualsiasi cosa le fosse successa, lo studio sarebbe stato suo. Malgrado la Garrett non avesse lasciato alcuno scritto in proposito, i membri del consiglio della Fondazione Evergreen House che essa aveva istituito, furono entusiasti di dare i locali a Maroger perché li usasse come studio e come abitazione fino alla sua morte 1962.[1] L'aver presentato Maroger a Hans Schuler, Sr. e l'aiuto nel procurargli un posto di insegnante è solo un esempio del tipo di generoso e ampio mecenatismo che la Garrett dedicava agli artisti contemporanei che sosteneva e nel cui lavoro credeva. Gli artisti amavano il mecenatismo della Garrett poiché essa instaurava amicizie durature con molti degli artisti di cui acquistava le opere. Ma ciò che gli artisti davvero apprezzavano della Garrett era la serietà con cui essa si dedicava alla propria pittura. Essa seguì persino i

Garrett even took classes at The Maryland Institute from Maroger himself, painting along side his young students.

When Jacques Maroger arrived in Baltimore to join the faculty of The Maryland Institute of Art, he was 56 years old and an accomplished painter, teacher and restorer. Maroger always said that his familiarity with the old masters' techniques was what made him a good teacher and restorer. This familiarity came from his training as a painter. Maroger studied first with the French portrait painter Jacques Emile Blanche, who later sent Maroger to study with his friend and fellow countryman, artist Louis Anquetin(1861-1932). Anquetin had himself been a friend of Van Gogh, Toulouse-Lautrec, Degas and Renoir. After a brief flirtation with Impressionism, Anquetin returned to the study of the old masters, Rubens, Hals and Rembrandt, trying to rediscover their lost painting techniques. Following Anquetin's guidance, Maroger copied paintings of the old masters and studied anatomy in a dissection class of a medical school as he took up and continued his teacher's research into the colors of the old masters' pigments and the brightness, transparency and permanence of their canvases. Maroger was to continue this research throughout his life.

In 1929, while at the Louvre, Maroger was credited with discovering the first oil painting medium of the 15th century artist Jan Van Eyck. This initial discovery was published by the British Academy of Science in 1931, arousing the interest of the critic Roger Fry who invited Maroger to give a painting demonstration. A number of English artists, among them Augustus John, then became enthusiastic users of this new medium. In 1937, when Raoul Dufy was commissioned to paint a 36 by 220 foot painting of *L'Histoire de l'Electricite* for the Paris World Fair, he used the Maroger medium, choosing his friend Jacques Maroger as his technical adviser. Later that year, Maroger was awarded the Legion of Honor for his contribution.

Maroger was best known for his rediscovery of the mediums of Jan Van Eyck and other Flemish and Italian Renaissance painters long before his research was published in 1948 in his book *The Secret Formulas and Techniques of the Masters*. But his strong feelings about the proper training of young artists was also becoming equally well-known in Baltimore. Maroger emphasized the technical foundations of painting in his courses. Just as he had been urged to study anatomy and return to the museums to copy the work of the old masters, so he required that course of study for his new students at The Maryland Institute. Maroger also insisted that his students prepare their own medium, which they did by combining and cooking oils, lead oxide and other substances according to formula. Maroger further insisted that his students grind pure colors for mixing with the medium. Only with these materials could they begin to reproduce the colors and luminosity of the old masters.

As Maroger began giving his Institute students an intensive training in anatomy, drawing, sculpture, portraiture and still life painting, combined with instruction in how to grind

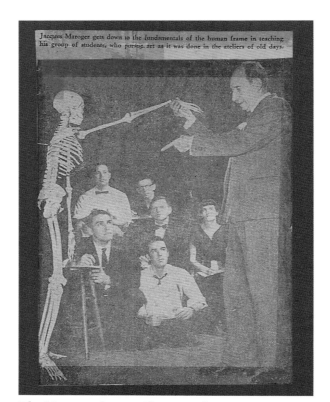

The Maroger Group - *Il gruppo di Maroger*
1st row / *1° fila* – Sheppard, Hofmann
2nd row / *2° fila* – Schuler, Redelius
3rd row / *3° fila* – Keehn, Sears

pigments, hand-press linseed oil and make media, he also began dreaming about the development of an American school of painting, grounded in that knowledge. The first to join Maroger as a post-graduate student and as an assistant was Ann Didusch Schuler, who remained his teaching assistant throughout his 19 year tenure at The Maryland Institute. Then, beginning in 1946, just after the war, a number of students arrived at The Institute and joined the Maroger group, including Frank Redelius, Earl Hofmann, Evan Keehn, Thomas Rowe and John Bannon. Many other students followed, including Joseph Sheppard. Melvin Miller was among the very last of Maroger's students often referred to as his disciples.

When Joseph Sheppard entered The Maryland Institute, he was painting abstractly like most of his fellow students. He was not a member of the Maroger group, initially, but he was living with one, Earl Hofmann, who kept encouraging Sheppard to come and paint with them. One day, during his second year at the Institute, Sheppard took Hofmann up on his offer and went to the Maroger studio to paint. When Sheppard completed his painting of an interior space with two figures, Maroger came over to see it. Maroger was delighted and said to him, "Paint three more like that, my boy, and I will get you into a New York gallery!" Sheppard studied his remaining two years with Maroger and never painted abstractly again. Mr. Douglas Gordon, a well known

corsi di Maroger stesso presso il Maryland Institute, dipingendo al fianco dei suoi giovani studenti.

Quando Jacques Maroger giunse a Baltimora per unirsi ai docenti del Maryland Institute of Art, egli aveva 56 anni ed era un affermato pittore, insegnante e restauratore. Maroger diceva sempre che ciò che faceva di lui un buon insegnante e restauratore era la sua familiarità con la tecnica dei grandi maestri. Tale familiarità era frutto della sua educazione di pittore. Maroger studiò dapprima col ritrattista francese Jacques Emile Blanche, il quale poi mandò Maroger a studiare col suo amico e connazionale, l'artista Louis Anquetin(1861-1932). Anquetin era stato un amico di Van Gogh e di Toulouse-Lautrec, Degas e Renoir. Dopo una breve infatuazione con l'impressionismo, Anquetin riprese lo studio dei grandi maestri, Rubens, Hals e Rembrandt, nel tentativo di riscoprire le tecniche pittoriche di questi artisti che erano andate smarrite. Sotto la guida di Anquetin, Maroger copiò dipinti dei grandi maestri e studiò anatomia ad un corso di dissezione presso la facoltà di medicina, proseguendo la ricerca del suo maestro nel campo della colorazione dei pigmenti dei grandi maestri e della luminosità, trasparenza e stabilità delle loro tele. Maroger avrebbe proseguito questa ricerca per tutta la vita.

Nel 1929, mentre era al Louvre, fu riconosciuta a Maroger la scoperta del primo materiale ad olio dell'artista del XV secolo Jan Van Eyck. Tale iniziale scoperta fu pubblicata dalla British Academy of Science nel 1931, sollevando l'interesse del critico Roger Fry che invitò Maroger a dare una dimostrazione pittorica. Un gruppo di artisti inglesi, tra i quali Augustus John, divennero in seguito utilizzatori entusiati di questo nuovo materiale. Nel 1937, quando a Raoul Dufy fu commissionato un dipinto di 11 per 67 metri su L'Histoire de l'Electricite per la Fiera Mondiale di Parigi, egli usò il materiale di Maroger, scegliendo l'amico Jacques Maroger quale consulente tecnico. Più tardi nel corso dello stesso anno, a Maroger fu assegnata la Legione d'Onore per il suo contributo.

Maroger fu per lo più noto per la sua riscoperta dei materiali di Jan Van Eyck e di altri pittori fiamminghi ed italiani molto prima della pubblicazione della sua ricerca nel 1948 nel volume The Secret Formulas and Techniques of the Masters. *Al tempo stesso stavano diventando noti a Baltimora i suoi sentimenti in merito alla corretta educazione dei giovani artisti. Maroger nei suoi corsi dava risalto alle fondamenta tecniche della pittura. Allo stesso modo in cui era stato incoraggiato a studiare anatomia e tornare nei musei a copiare le opere dei grandi maestri, egli richiedeva un simile corso di studi ai suoi nuovi studenti al Maryland Institute. Maroger esigeva anche che i suoi studenti preparassero il proprio materiale pittorico, miscelando e cuocendo olii, ossido di piombo ed altri componenti secondo la formula. Maroger esigeva inoltre che i suoi studenti polverizzassero i colori da mescolare al materiale pittorico. Solo con questo materiale potevano iniziare a riprodurre i colori e la luminosità dei grandi maestri.*

civic leader in Baltimore, bought the canvas Sheppard had painted in Maroger's studio that day and remained a good friend and patron. Sheppard painted many more canvases like the one Douglas Gordon purchased and Maroger got him into the Grand Central Gallery in New York, along with many of his Baltimore students.[2] Sheppard became an ardent disciple of Maroger's and enthusiastically embraced the return to the principles of classical art and the use of the human figure in his work. He also embraced Maroger's teaching of the importance of drawing and became an outstanding draftsman.

During the years Sheppard was at the Institute, many established artists came to Baltimore to learn about the Maroger medium directly from Maroger. One such artist was Reginald Marsh, one of America's great genre painters, who came down from New York every summer for more than ten years until his death in 1954. On at least one such visit to Baltimore, Marsh was a guest of Mrs. Garrett's at Evergreen House and in his now famous letter to her, he congratulated her on her intense application to her own painting and "to the great aid given to a movement which is sound, but not à la mode". He ended his letter by saying, "This new medium of Maroger's is certainly the greatest gift to the technique of oil painting. I'm going to stick with it."[3] Marsh had a very

The Garrett Mansion, Evergreen House
Villa Garrett, Evergreen House

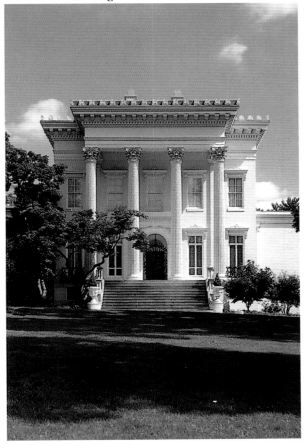

Mentre Maroger iniziava a dare ai suoi studenti dell'Institute una intensa preparazione nell'anatomia, disegno, scultura, ritrattistica e pittura di nature morte, associata alle istruzioni su come polverizzare i pigmenti, spremere a mano l'olio di lino e comporre il materiale pittorico, al tempo stesso iniziava a sognare lo sviluppo di una scuola americana di pittura, basata su queste conoscenze. La prima ad unirsi a Maroger in qualità di studente post-laurea fu Ann Didusch Schuler, che rimase come assistente insegnante nel corso del suo incarico durato 19 anni presso il Maryland Institute. A partire dal 1946, subito dopo la guerra, una serie di studenti giunse all'Institute e si unì al gruppo di Maroger, tra i quali Frank Redelius, Earl Hofmann, Evan Keehn, Thomas Rowe e John Bannon. Seguirono molti altri studenti, compreso Joseph Sheppard. Melvin Miller fu tra gli ultimi degli allievi di Maroger definiti spesso come i suoi discepoli.

Quando Joseph Sheppard entrò al Maryland Institute, era un pittore astratto come molti dei suoi compagni di studio. Non era inizialmente un membro del gruppo di Maroger, ma conviveva con uno di essi, Earl Hofmann, che continuava ad esortare Sheppard di unirsi a loro. Un giorno, nel corso del suo secondo anno all'Institute, Sheppard accolse l'offerta di Hofmann ed andò allo studio di Maroger per dipingere. Quando Sheppard ebbe ultimato il suo dipinto di uno spazio interno con due figure, Maroger venne a vederlo. Maroger ne fu contento e gli disse: "Dipingine altri tre così e ti faccio entrare in una galleria di New York!" Sheppard studiò i due anni rimanenti con Maroger, non dipinse mai più astratto. Douglas Gordon, un noto leader civico di Baltimora, acquistò la tela dipinta da Sheppard quel giorno nello studio di Maroger e fu poi un buon amico e mecenate. Sheppard dipinse molte tele come quella acquistata da Douglas Gordon e Maroger lo fece entrare nella Grand Central Gallery di New York, assieme a molti dei suoi studenti di Baltimora.[2] Sheppard divenne un discepolo appassionato di Maroger ed accolse con entusiasmo il ritorno ai principi dell'arte classica e l'utilizzo della figura umana nella sua opera. Imparò anche la lezione di Maroger sull'importanza del disegno e divenne uno straordinario disegnatore.

Nel corso degli anni in cui Sheppard frequentò l'Institute, molti artisti affermati vennero a Baltimora ad imparare ad usare il materiale pittorico di Maroger da Maroger stesso. Uno di questi artisti fu Reginald Marsh, uno dei maggiori pittori di genere d'America, che venne da New York ogni estate per più di dieci anni fino alla sua morte nel 1954. In occasione di almeno una di tali visite a Baltimora, Marsh fu ospite della Garrett alla Evergreen House e nella sua lettera adesso celebre ad essa indirizzata, si congratulò con lei per il suo grande impegno nella pittura e "per il grande aiuto ad un movimento solido, ma non alla moda.". Concluse la sua lettera dicendo: "Questo nuovo materiale pittorico di Maroger è indubbiamente il più grande dono alla tecnica della pittura ad olio. Mi ci atterrò."[3] Marsh ebbe un

forte influsso su Sheppard e gli altri giovani studenti di Maroger con i quali dipinse ogni estate. Il realismo sociale di Marsh portò Sheppard a prendere coscienza dell'importanza di associare la figura umana a scene di vita urbana a Baltimora, aspetto che lo rese celebre. I primi soggetti di Sheppard comprendevano la vita nei ghetti neri e i locali di spogliarelli del famoso quartiere Block di Baltimora. Marsh fu entusiasta di esporre assieme ai giovani discepoli di Maroger, a Ann Schuler e Maroger stesso alla Grand Central Gallery di New York ed al Mt. Vernon Club di Baltimora. Queste mostre furono tutte organizzate da Maroger nel suo tentativo di influenzare il percorso della pittura contemporanea per allontanarla dall'astratto e riportarla ad un realismo classico, direzione che sperava sarebbe stata seguita dalla nuova scuola pittorica.

La carriera di Sheppard proseguiva. Nel 1957, appena cinque anni dalla fine degli studi con Maroger all'Institute, vinse la borsa di studio Guggenheim e passò l'anno seguente in Europa, principalmente a Parigi ed in Italia. Entro il 1958 aveva avuto mostre personali a Parigi, Washington, Boston, Filadelfia e New York. Mentre la carriera di Sheppard progrediva, quella del suo mentore volgeva al termine. Maroger lasciò il Maryland Institute nel 1959, dopo che una serie di nuovi presidenti aveva cominciato a dare alla scuola un indirizzo che la allontanava dalla tradizione accademica. L'espressionismo astratto aveva preso il sopravvento. Maroger si ritirò nel suo studio alla Evergreen House per dedicarsi alla sua ricerca ed ai suoi scritti e per dipingere. Maroger divenne consulente di Ann Didusch Schuler che

Girl With String, *1953*
Ragazza con nastro

Two Artists in their Studio, *1952*
Due artisti nel loro studio
(The Douglas Gordon Purchase / *Collezione Douglas Gordon*)

strong influence on Sheppard and the other young Maroger students with whom he painted each summer. Marsh's social realism lead Sheppard to realize the value of combining the human figure within scenes of Baltimore's urban life, for which he became so well known soon thereafter. Sheppard's earliest subject matter included life in the black ghettos and the strip joints along Baltimore's famous Block. Marsh exhibited enthusiastically with these young Maroger disciples and Ann Schuler and Maroger at the Grand Central Gallery in New York and at the Mt. Vernon Club in Baltimore. These exhibitions were all arranged by Maroger in his effort to influence the direction of contemporary painting away from abstraction and back to a classical realism, toward what he hoped would be the new school of painting.

Sheppard's career was moving forward. In 1957, just five years after finishing his studies with Maroger at the Institute, he won a Guggenheim Fellowship and spent the next year in Europe, mostly in Paris and Italy. By 1958 he had had one man exhibitions in Paris, Washington, Boston, Philadelphia and New York. As Sheppard's career was advancing, his mentor's was winding down. Maroger left The Maryland Institute in 1959, after a number of new presidents began steering the school away from the academic tradition. Abstract expressionism had taken a firm hold. Maroger withdrew to his studio at Evergreen House to continue his research and writing and to paint. Maroger became an advisor to Ann Didusch Schuler who left The Maryland Institute at the same time and with her husband Hans Schuler, Jr. opened the Schuler School of Fine Arts later that year. Ann Schuler was committed to continuing Maroger's teaching methods.

By 1961, Sheppard and the other early students of Maroger were making headlines in Baltimore and the idea of an American school of painting about which Maroger had dreamed for so long seemed to be given new life. A controversy arose after it became known that Baltimore's realists

painters were not among those artists chosen for that year's Maryland Annual Exhibition at the Baltimore Museum of Art. The dispute erupted in the newspapers, covered primarily by the well known News American art critic R.P. Harris, who asserted that Baltimore had one of the largest and most dynamic communities of representational painting in the country but one would never know it from the regional exhibit. The artists accused the BMA of following a pattern of fashion set down by museums in New York and Paris and of becoming an exclusive private club from which contemporary realists were virtually banned. In response to this situation, the realist painters organized a kind of "Salon d'refuse". With Joseph Sheppard and John Bannon in the lead, Frank Redelius, Earl Hofmann, Thomas Rowe and Evan Keehn, all early students of Maroger, opened the salon at 817 N. Charles Street on the same night the BMA opened its annual regional show. Two thousand people attended the opening at what was being called the Six Realists Gallery. The headlines the next day read, "A triumph in every way." R.P. Harris wrote a strong review, stating "Whether this group will form the nucleus of a recognized school dedicated to bucking the non-objective craze remains to be seen. As of now, they are a credit to their patron, St. Maroger."[4] Instead of a three week exhibition of realist paintings by these disciples of Maroger, the gallery remained open and strongly supported for three years. The group of six realists changed over the years and included, in addition to the six founders, Melvin Miller and David Walsh.

In the middle of this resurgence of realism, on June 28, 1962, Maroger died at Evergreen. By the end of the next year, the Six Realists Gallery had closed after its third season, and the artists scattered to pursue their own diverging interests. But before it closed, Sheppard and Bannon and the other Maroger followers had succeeded in putting Baltimore on the

aveva lasciato il *Maryland Institute* nello stesso periodo ed aveva aperto assieme a suo marito Hans Schuler, Jr. la scuola di belle arti Schuler. Ann Schuler era impegnata a proseguire i metodi d'insegnamento di Maroger.

Con il 1961, Sheppard e gli altri studenti di Maroger erano famosi a Baltimora e l'idea di una scuola americana di pittura che Maroger sognava da tempo sembrava prendere vita. Si aprì un dibattito quando divenne noto che i pittori realisti di Baltimora non erano tra gli artisti scelti per l'esibizione annuale del Maryland di quell'anno presso il *Baltimore Museum of Art*. La disputa sfociò sui giornali, narrata principalmente dal noto critico d'arte americano R.P. Harris, che sosteneva che Baltimora aveva una delle comunità più ampie e dinamiche di pittura figurativa del paese, ma che nessuno lo avrebbe mai saputo dalla mostra regionale. Gli artisti accusavano il Museo di seguire uno schema di mode abbandonato dai musei di New York e Parigi a di essere diventato un club privato esclusivo dal quale i realisti contemporanei erano in sostanza banditi. In risposta a questa situazione, i pittori realisti organizzarono una sorta di "Salon d'refuse". Con Joseph Sheppard e John Bannon in prima linea, Frank Redelius, Earl Hofmann, Thomas Rowe e Evan Keehn, tutti studenti di Maroger, aprirono la sala al 817 di N. Charles Street la stessa sera in cui il *Baltimore Museum of Art* inaugurava la sua esposizione regionale annuale. Duemila persone presero parte all'inaugurazione di quella che veniva chiamata la *Six Realists Gallery* (la galleria dei sei realisti N.d.T.). I giornali il giorno seguente titolavano: "Un trionfo in ogni senso". R.P. Harris scrisse un'energica recensione, dichiarando: "Se questo gruppo sarà il nucleo di una scuola riconosciuta dedita a contrastare la mania del non-oggettivo resta da vedere. Per il momento, essi sono un omaggio al loro patrono San Maroger."[4] Invece di ospitare una mostra di tre settimane di

Palmistry, *1953* **Chiromanzia** (Prize "Life in Baltimore" Peale Museum 1953 / *Premio "Vita di Baltimora" del Museo Peale 1953*)

map as Maroger had hoped and several had achieved even wider acclaim. Often paintings by the Six Realists were juried into the annual exhibitions at The Butler Institute of American Art in Youngstown, Ohio. Most notable was the inclusion of work by Sheppard, Rowe and Miller in the 1962 Annual at The Butler Institute, along with work of Ben Shahn and Edward Hopper. Sheppard's painting, *Mr. Mack's Fighters' Gym* , won first prize in that show. It was a purchase award and the painting became part of The Butler's permanent collection. The assistant director at The Butler described Sheppard "as one of the most gifted artists in America today".[5] The Butler continued to exhibit Sheppard's work. One later exhibition, entitled *Artists at Ringside* included work by Sheppard, George Bellows and Thomas Eakins. Eight of Sheppard's paintings were shown in that exhibition, including his now famous *Descent from the Ring*.

From his earliest days as an artist, Sheppard had great success in his hometown of Baltimore, in New York and elsewhere, in spite of the fact that the movement he was part of was, as Reginald Marsh had said, "not a la mode". Sheppard earned an enviable reputation as a realist painter in various guises and genres, as a painter of street scenes, barrooms, fighters and strippers- all life around him. Sheppard has always been a remarkable Baltimore Realist – one whose rare talent Maroger and many, many others recognized immediately. Sheppard's earliest paintings, beginning with the work he did at The Maryland Institute and throughout the 1950s, will be exhibited in Baltimore at Evergreen House when the newest work from this current exhibition will be on exhibit at The Walters Museum-a very appropriate way to celebrate fifty years of painting.

Cindy Kelly
Director of Historic Houses
at John Hopkins University

(1) Evergreen House Foundation Board Minutes, June 27, 1954.
(2) Personal conversation with Joseph Sheppard, March 3, 1998.
(3) Letter to Alice Warder Garrett from Reginal Marsh, dated August 31, 1942, in the Evergreen House Foundations Archives.
(4) R.P. Harris, News American, April 9, 1961.
(5) Clyde Singer, Assistant Director of The Butler, was quoted in 1958.

Jacques Maroger in his studio on the Garrett Estate
Jacques Maroger nel suo studio nella tenuta dei Garrett

Detail of painting by John Bannon of Maroger's studio
Dettaglio di dipinto di John Bannon dello studio di Maroger

Joseph Sheppard, 1955

dipinti realisti di questi discepoli di Maroger, la galleria rimase aperta e fortemente sostenuta per tre anni. Il gruppo dei sei realisti cambiò nel corso degli anni e ne fecero parte, oltre ai sei fondatori, Melvin Miller e David Walsh.

Nel pieno della rinascita del realismo, il 28 giugno 1962, Maroger morì a Evergreen. Entro la fine dell'anno seguente, la Six Realists Gallery chiuse dopo la sua terza stagione, e gli artisti si dispersero per coltivare i loro diversi interessi. Ma prima di chiudere, Sheppard e Bannon e gli altri seguaci di Maroger erano riusciti a richiamare l'attenzione su Baltimora come Maroger aveva sperato, ed alcuni erano riusciti ad avere un successo anche più ampio. Spesso i dipinti dei Six Realists furono esaminati dalla giuria della mostra annuale presso il Butler Institute of American Art a Youngstown, nell'Ohio. Degna di nota fu la partecipazione delle opere di Sheppard, Rowe e Miller alla mostra annuale del Butler Institute nel 1962, a fianco dei lavori di Ben Shahn e Edward Hopper. Il dipinto di Sheppard, Mr. Mack's Fighters' Gym, vinse il primo premio di quella mostra. Il premio consisteva nell'acquisto da parte dell'istituto ed il dipinto entrò a far parte della collezione permanente del Butler. Il vice direttore del Butler descrisse Sheppard come "uno dei più dotati artisti del momento in America".[5] Il Butler continuò ad esibire il lavoro di Sheppard. Una mostra seguente, dal titolo Artists at Ringside (Artisti al bordo del ring N.d.T.) comprendeva opere di Sheppard, George Bellows e Thomas Eakins. Otto dei dipinti di Sheppard furono esposti in occasione di quella mostra, compreso l'adesso famoso Descent from the Ring.

Dall'inizio della sua carriera artistica, Sheppard ebbe molto successo nella città natale di Baltimora, a New York e altrove, malgrado il fatto che il movimento di cui faceva parte, come aveva detto Reginald Marsh, fosse "non a la mode". Sheppard si guadagno un'invidiabile reputazione come pittore realista in diversi generi e modi, come pittore di scene di strada, di bar, pugili e spogliarelliste, aspetti della vita che lo circondava. Sheppard è sempre stato un realista di Baltimora degno di nota, uno il cui eccezionale talento era stato riconosciuto immediatamente da Maroger e molti, molti altri. I primi dipinti di Sheppard, a partire dalle opere composte al Maryland Institute e negli anni '50, saranno esposti a Baltimora alla Evergreen House quando i lavori più recenti di questa mostra saranno esposti al Walters Museum: un modo estremamente appropriato di celebrare cinquant'anni di pittura.

Cindy Kelly
Direttore delle dimore storiche
John Hopkins University

(1) Evergreen House Foundation Board Minutes, 27 giugno 1954.
(2) Conversazione personale con Joseph Sheppard, 3 marzo 1998
(3) Lettera ad Alice Warder Garrett da Reginal Marsh, datata 31 agosto 1942, negli archivi della Evergreen House Foundation.
(4) R.P. Harris, News American, 9 aprile 1961.
(5) Clyde Singer, vicedirettore del Butler, citato nel 1958.

NOTE FROM THE ARTIST - NOTA DELL'ARTISTA

Over the past fifty years I have painted and sold nearly two thousand paintings, some good and some not so good. I think perhaps out of the two thousand there were twenty that had special meaning to me as far as subject and composition. I have selected these twenty and revisited them. Not making copies but using them for inspiration, recreating them on a larger format and hopefully, after all these years, adding something new and special.

J.S.

Nel corso degli ultimi cinquant'anni ho dipinto e venduto quasi duemila quadri, alcuni buoni ed altri meno. Credo che dei duemila quadri ve ne siano stati forse venti che hanno avuto per me un significato particolare per quanto riguarda il soggetto e la composizione. Ho selezionato questi venti quadri e li ho rivisitati. Non facendone copie, ma usandoli come ispirazione, ricreandoli in scala più grande e, spero, dopo tutti questi anni, aggiungendovi qualcosa di nuovo e speciale.

J.S.

PAINTINGS COMPOSITIONS AND PORTRAITS
DIPINTI COMPOSIZIONI E RITRATTI

The occasion of this writing is a fifty years' survey of the art of Joseph Sheppard, a man who refuses to forget the past.

The classical, objective image of man, that had represented him in the visual arts ever since the ancient Greeks and Etruscans, survived almost miraculously the "geological revolution", as Proust would say, of the first three decades of the 20th century. The deconstruction of that "heroic period" was far more radical, daring and uncompromising than the "rebirth" of the arts, especially in the renaissance vision of man, that took place during the 14th and 15th centuries, as reflected in the achievements of Giotto, Masaccio, Piero della Francesca, Donatello and many others. The artistic values discovered and upheld, sustained for four hundred years, such as volume, perspective, anatomical verisimilitude, harmony, congruity of form and content, etc., were then brutally and deliberately, if not altogether, rejected.

Already in Cézanne's famous "Bathers" of the Impressionist period, for which he refused models, human forms are barely distinguishable from the trees; they are subjected to a total, personal view of nature, as if characterization would distract from the subjective contemplation of natural processes. And many years later (in 1913), Cézanne's influence having reached its apex, Apollinaire wrote in *Les Peintres Cubistes*, "The Greek art had a purely human conception of beauty. It took man as the measure of perfection. The art of the new painters takes the infinite universe as its criterion, and it is from this ideal that a new measure of perfection is derived, which permits the painter to give to the object the proportions conforming to the degree of the plastic quality to which he wishes to bring the object itself."

The aesthetic effect moved thus irresistibly in those years inward from the scene of objective representation to the stage of the artist's private emotional experience. His work became a process of free recreation of space relationships relying on geometry, new concepts of volume and intrinsic, organic correspondence of colors. Kandinsky's profoundly religious feeling led him to believe that it was essentially a spontaneous, actual, divine creation, the transcendental spirit at work. The essence of the process left no room for the sensual image of the human form, while Mondrian endeavored to reveal the hidden rationality of "the real".

Shortly before he died, Cézanne wrote in a letter to a friend, "The thesis to develop, whatever our temperament or capacity in the face of nature may be, is to reproduce what we see, forgetting all that was before us. This, I think, allows the artist to express all of his personality, whether small or great."

The artists that followed this systematic onslaught on the figurative representation, however, were not all willing to forget all that was before them. As the search for the "essence", the "spirit", the "inner structures" was loosing ground, new artists appeared, equipped with a profound knowledge of the means and methods of the old masters and the capacity to make them their own, to express objectively their inner world. The play (spirit) of the imagination, the aesthetic pleasure is, after all, the primary if not the only function of art. A few outstanding artists, like Annigoni, Tommasi Ferroni and Sheppard, have reminded us of this. They have shown that the achievements of the 17th century painters are not only in the museums, but are still active today as tools in the creation of new, individual, and even original visions.

Joseph Sheppard continues the great tradition of the Dutch and Flemish masters, combining it with the particular American school of realism. A very talented draftsman, an untiring student (and teacher!) of anatomy, a patient and amused observer of the American and Italian scene, undisturbed by various "avant-gardes", he has faithfully, and one is tempted to say even obstinately, tried and succeeded in applying what he has, with love and patience, learned from the groundwork techniques of all the great art of painting. But this is not imitation, this is Sheppard's own. In his portraits and group scenes, one is reminded of Hals and Rubens, but instead of spontaneity, transparency and shading (sfumatura),

L' occasione per questo pezzo è una panoramica di cinquant'anni dell'arte di Joseph Sheppard, un uomo che si rifiuta di dimenticare il passato.

L' immagine classica e obbiettiva dell'uomo, che lo aveva rappresentato nelle arti visive sin dall'epoca degli antichi greci e degli etruschi, è sopravvissuta quasi miracolosamente alla "rivoluzione geologica", come direbbe Proust, dei primi tre decenni del XX secolo. La decostruzione di quel "periodo eroico" fu molto più radicale, ardita ed irriducibile di quanto lo fosse stata la "rinascita" delle arti, particolarmente nella visione rinascimentale dell'uomo, che ebbe luogo nel corso dei secoli XIV e XV, come emerge nelle opere di Giotto, Masaccio, Piero della Francesca, Donatello e molti altri. I valori artistici scoperti ed accolti, sostenuti per quattrocento anni, quali il volume, la prospettiva, la verosimiglianza anatomica, l'armonia, la congruità di forma e contenuto, ecc., furono allora brutalmente e deliberatamente rifiutati.

Già nelle famose "Bagnanti" di Cézanne del periodo impressionista, per il quale rifiutò di usare delle modelle, le forme umane sono a malapena distinguibili dagli alberi; sono soggette ad una visione totale, personale, della natura, come se la caratterizzazione potesse distogliere dalla contemplazione soggettiva dei processi naturali. E molti anni dopo (nel 1913), l'influenza di Cézanne al suo apice, Apollinaire scrisse ne I pittori cubisti: "L'arte greca aveva una concezione esclusivamente umana della bellezza. Prendeva l'uomo come misura della perfezione. L'arte dei nuovi pittori prende come criterio l'universo infinito, ed è da questo ideale che deriva una nuova misura di perfezione, che consente al pittore di dare all'oggetto le proporzioni conformi al grado di qualità plastica a cui desidera portare l'oggetto stesso."

In quegli anni l'effetto estetico si spostò inevitabilmente verso l'interno, dallo scenario della rappresentazione oggettiva alla sede dell'esperienza emotiva privata dell'artista. Il lavoro dell'artista divenne un processo di ricreazione libera delle relazioni spaziali basate sulla geometria, su nuovi concetti di volume e corrispondenze intrinseche, organiche, dei colori. Il sentimento profondamente religioso di Kandinsky lo portò a credere che fosse essenzialmente una reale creazione divina, sponta-

his brushstroke is held in meticulous control to the utmost. Like Tintoretto and Rubens, he is essentially a painter of the movement, yet his figures are carefully and meticulously delineated, almost dimensional, as if to give each figure all his or her due. This, of course, is particularly evident in his portraits. In his sport scenes, the movement should of course be taken for granted. Yet, even when his figures are at rest or simply standing, one sees them almost breathing or about to dart into an assault. Even the happy Halloween children, though "posing for a picture", are moving with their smiles and gestures.

Sheppard's other group scenes are less reminiscent of Hals' and Rubens' manner than that of a painter like Van Ostade's views of the life of simple country people, for in them, the peasants are not posing, they are free of rhetoric. Most of Sheppard's figures are sharing in the given event, indifferent to the viewer. They are together, even in the gatherings of the most motley, incongruous social and racial types. In "West 4th Street" (an almost violent "melting pot"), there is a lively communion between the participants. They are in a masterfully orchestrated chorus of dainty damsels and threatening thugs, demure middle-aged citizens and shady dames. Developing a theme, often with variations, is Sheppard's forte: children's fun in "Halloween", the frolic "Parade", the enduring Italian passion for the opera in "Quinto's" (everyone is singing in unison!), and one can almost hear the rhythm in "Rock and Roll".

As the contours of figures are clearly delineated, so are the colors separately accentuated, which is, perhaps, one striking departure from the Dutch and Flemish school. Emerging almost always from the dark background, the unmitigated basic colors beam like flashes, as if Sheppard is, even here, eager to give each element of his painting its full due.

Considering these, and many other aspects of his art, Joseph Sheppard offers with his clear, life-loving images, a significant contribution to American art and the survival of the great European tradition.

Lubomir Radoyce

nea, lo spirito trascendentale all'opera. L'essenza del processo non lasciava spazio all'immagine sensuale della forma umana, mentre Mondrian tentava di rivelare la razionalità nascosta del "reale".

Poco prima di morire, Cézanne scrisse in una lettera ad un amico: "La tesi da sviluppare, qualunque sia la nostra indole o capacità nei confronti della natura, è quella di riprodurre ciò che vediamo, dimenticando tutto ciò che ci ha preceduto. Questo, secondo me, consente all'artista di esprimere tutta la sua personalità. Sia essa piccola o grande."

Gli artisti che seguirono questo sistematico attacco violento alla rappresentazione figurativa, comunque, non erano tutti disposti a dimenticare tutto ciò che li aveva preceduti. Mentre la ricerca dell'"essenza", lo "spirito", la "struttura interna" perdeva terreno, facevano la loro comparsa nuovi artisti, dotati di una profonda conoscenza dei mezzi e metodi dei vecchi maestri e la capacità di renderli propri, di esprimere oggettivamente il proprio mondo interiore. Il gioco (spirito) dell'immaginazione, il piacere estetico, costituisce, in fondo, la funzione principale se non unica dell'arte. Alcuni artisti eccellenti, quali Annigoni, Tommasi Ferroni e Sheppard, ci hanno fatto venire in mente ciò. Essi hanno dimostrato che i risultati dei pittori del XVII secolo non si trovano solo nei musei, ma sono tuttora attivi come strumenti nella creazione di visioni nuove, individuali, persino originali.

Joseph Sheppard prosegue la grande tradizione dei maestri olandesi e fiamminghi, associandola alla peculiare scuola americana del realismo. Disegnatore estremamente dotato, instancabile studente (ed insegnante!) di anatomia, osservatore paziente e divertito dello scenario americano ed italiano, non disturbato dalle diverse "avanguardie", egli ha tentato fedelmente, e potremmo dire persino ostinatamente, ed è riuscito nell'applicare ciò che ha imparato, con amore e pazienza, dalle tecniche fondamentali di tutta la grande arte della pittura. Ma non si tratta di imitazione, bensì di Sheppard vero e proprio. I suoi ritratti e scene di gruppo ricordano Hals e Rubens, ma al posto della spontaneità, trasparenza e sfumatura, le sue pennellate hanno un controllo meticoloso sino all'estremo. Come Tintoretto e Rubens, egli è essenzialmente un pittore del movimento, eppure le sue figure sono delineate con attenzione e meticolosità, quasi dimensionali, come a dare a ciascuna delle figure quanto le è dovuto. Ciò è particolarmente evidente, ovviamente, nei ritratti. Nelle sue scene di sport, il movimento si dà chiaramente per scontato. Ma anche quando le sue figure sono a riposo, o semplicemente in piedi, le si vede quasi respirare o sul punto di lanciarsi all'attacco. Persino i felici bambini di Halloween, seppure siano "in posa per una fotografia", si muovono con i sorrisi ed i gesti.

Le altre scene di gruppo di Sheppard sono meno reminiscenti della maniera di Hals e Rubens che di quella delle scene di semplice vita campestre di pittori quali Van Ostade, poiché in esse i contadini non sono in posa, sono liberi di ogni retorica. La maggior parte delle figure di Sheppard prendono parte allo specifico evento, indifferenti allo spettatore. Essi sono insieme, anche negli assembramenti dei tipi razziali e sociali più disparati ed incoerenti. In "West 4th Street" (un crogiuolo razziale e sociale quasi violento), vi è una vitale comunione tra i partecipanti. Un coro magistralmente orchestrato di leggiadre fanciulle e delinquenti minacciosi, modesti cittadini di mezza età e donne equivoche. Lo sviluppo di un tema, spesso con delle variazioni, è il forte di Sheppard: il divertimento dei bambini in "Halloween", l'allegria di "La sfilata", l'immutata passione italiana per l'opera in "Da Quinto" (tutti cantano all'unisono!), e si può quasi sentire il ritmo in "Rock and Roll".

Così come i contorni delle figure sono chiaramente delineati, allo stesso modo i colori sono accentuati in modo distinto, elemento che probabilmente costituisce una lampante deviazione dalla scuola olandese e fiamminga. I colori base pieni emergono quasi sempre dallo sfondo scuro e splendono come lampi, come se Sheppard, anche in questo caso, desiderasse dare a ciascun elemento della sua pittura quanto gli spetta.

In considerazione di questi, e molti altri aspetti della sua arte, Joseph Sheppard offre con le sue immagini chiare, amanti della vita, un contributo significativo all'arte americana ed alla sopravvivenza della grande tradizione europea.

Lubomir Radoyce

After the Workout, 2000
Dopo l'allenamento 60 x 60 (152 x 152)

The Parade, *1951* (Watercolor) Memory Sketch
La sfilata *(Acquerello) Bozzetto a memoria*

THE PARADE

In the '50s, prior to Martin Luther King and the civil rights movement, Baltimore was a starkly segregated city. The Jews lived in Forest Park, the Italians in Little Italy, the Poles and other central Europeans made their homes in East Baltimore, and the blacks were confined to the inner-city ghetto. I lived behind the Maryland Institute College of Art, about four blocks from the ghetto and on the edge of a neighborhood of West Virginia hill people who had come to the city seeking work in the factories.

Every weeknight at around eight, the sound of drums could be heard from the ghetto. I got so interested I decided to investigate. At that time, a white man could walk into a completely Black community without fear of injury or perhaps I was just young and naïve about that.

I followed the sound to a second-story room in a row house. The windows were open and the room was vibrating, acting like an amplifier. People looked strangely at me, the only white face in a crowded room where a full marching band was playing. Parents and kids made up most of the audience. It turned out the band was sponsored by a local church and they practiced every night, Monday to Friday.

I also found out that on Fridays the band had a dress rehearsal and marched up and down the street. The locals all came out to watch, and the kids paraded alongside as dogs ran between the marchers, excited by the noise and activity. It was too crowded and dark to sketch this wonderful scene, but I took mental notes and did a wash drawing when I got home. From this sketch, the painting "The Parade" was developed.

LA SFILATA

Negli anni '50, prima di Martin Luther King e del movimento dei diritti civili, Baltimora era una città ove vigeva una rigida segregazione. Gli ebrei vivevano a Forest Park, gli italiani a Little Italy, i polacchi ed altri che provenivano dall'Europa centrale stavano a East Baltimore, ed i neri erano confinati nel ghetto del centro della città. Io vivevo dietro il Maryland Institute College of Art, circa quattro isolati dal ghetto e vicino ad un quartiere di gente proveniente dalle colline del West Virginia che era venuta in città in cerca di lavoro nelle fabbriche.

Tutte le sere dei giorni feriali, verso le otto, si sentiva un suono di tamburi provenire dal ghetto. Divenni così curioso che decisi di indagare. All'epoca, un bianco poteva inoltrarsi in una comunità completamente nera senza correre alcun rischio, o forse era solo che io ero giovane e ingenuo.

Seguii quel suono fino ad una stanza al primo piano di una casa a schiera. Le finestre erano aperte e la stanza vibrava, agendo da amplificatore. La gente mi guardò in modo strano, l'unica faccia bianca in una stanza affollata in cui stava suonando una banda musicale al completo. Il pubblico era formato per lo più da bambini e genitori. Risultò poi che la banda era sostenuta da una chiesa della zona e che faceva le prove tutte le sere, dal lunedì al venerdì.

Venni anche a sapere che di venerdì la banda faceva una prova in costume e marciava su e giù per la strada. Gli abitanti della zona uscivano a vedere e i bambini sfilavano a fianco della banda mentre i cani correvano in mezzo ai musicisti che sfilavano, eccitati dal rumore e dal fermento. La folla era folta ed era troppo buio per fare uno schizzo di questa meravigliosa scena, ma presi degli appunti mentali e feci un disegno a tempera quando arrivai a casa. Da questo bozzetto si sviluppò il dipinto "The Parade" ("La sfilata").

The Parade, *2000 - **La sfilata*** 60 x 84 (152 x 213)

THE FIGHTER

They used to have fights on Monroe Street in Baltimore at a place called "The Coliseum." It was perfect for local fights because the arena was small and easy to fill. The Coliseum was also perfectly situated between a white neighborhood and a black one, so even during the era of segregation it drew a mixed-race crowd.

Sugar Ray Robinson was touring the country near the end of his career, fighting pickup bouts to make some easy money and to give local welterweights a night in the lights.

My friend Vincent and I were fight fans and wouldn't miss a chance to see Sugar Ray. We sat through the first five or six preliminaries in great expectation of the main event. It arrived dramatically with the announcer bellowing into his mike, "The former welterweight champion of the world . . . and the former middleweight champion of the world . . . pound for pound the greatest fighter in the world, Sugar Ray Robinson!"

The Baltimore boxer had already entered the ring with a much smaller fanfare and was in his corner near us. His handlers were all around him, and you could tell he was nervous.

Sugar Ray climbed into the far corner of the ring. His head was hooded with a towel that hid his face in shadow. He turned toward the Baltimore fighter and took an aggressive stance. You could sense his eyes staring out from the shadow directly at his opponent. The hometown victim was no longer nervous, now he was plain scared.

The bell rang and Sugar Ray's pomaded hair never got mussed up. One punch to the kidney and it was over.

The image of Sugar Ray in the corner with the towel over his head stuck with me, and I tried to do a painting of it from memory in 1962. It was effective, but for some reason I had given my fighter a contro-posto stance that negated the aggression I was trying to portray. After a few tries, I changed the stance so that the fighter's legs were apart and his weight equally distributed. This worked better.

In 1996, I did a bronze of this subject that pleased me. I included an older trainer behind the boxer, taking off the fighter's robe. I thought the contrast between the ages of the two men added another dimension to the piece.

IL PUGILE

Un tempo si tenevano incontri di pugilato a Baltimora sulla Monroe Street in un posto che si chiamava "The Coliseum". Era perfetto per gli incontri a livello locale perché l'arena era piccola e facile da riempire. Il Coliseum era anche in un'ottima posizione, situato tra un quartiere bianco ed uno nero, così che anche nel periodo della segregazione razziale attirava un pubblico misto.

Sugar Ray Robinson, verso la fine della sua carriera, faceva una tournée nel paese, combattendo in incontri occasionali per fare facili guadagni e per dare ai pesi welter della zona una serata sotto i riflettori.

Il mio amico Vincent ed io eravamo appassionati di boxe e non ci saremmo persi l'occasione di vedere Sugar Ray. Assistemmo ai primi cinque o sei incontri preliminari attendendo pieni di aspettative l'incontro principale. Questo giunse in modo teatrale, con l'annunciatore che urlò nel microfono: "L'ex campione mondiale dei pesi welter… e l'ex campione mondiale dei pesi medi… il più grande pugile del mondo, Sugar Ray Robinson!"

Il pugile di Baltimora era già salito sul ring con una fanfara molto più ridotta ed era nel suo angolo, vicino a noi. I suoi allenatori lo circondavano, e si capiva che era nervoso.

Sugar Ray salì nell'angolo opposto del ring. La testa era incappucciata con un asciugamano che gli lasciava il viso nell'ombra. Si volse verso il pugile di Baltimora e assunse una posizione aggressiva. Gli si potevano vedere gli occhi che, dall'ombra, scrutavano direttamente l'avversario. Il pugile locale, la vittima, non era più nervoso, adesso era chiaramente spaventato.

La campana suonò ed i capelli impomatati di Sugar Ray non si scomposero. Un pugno alle reni e fu finita.

L'immagine di Sugar Ray nell'angolo con l'asciugamano sulla testa mi rimase impressa, e cercai di farne un dipinto a memoria nel 1962. Era d'effetto, ma per qualche motivo avevo dato al mio pugile una posizione di contrasto che era in contraddizione con l'aggressione che volevo rappresentare. Dopo qualche tentativo, cambiai la posizione così che le gambe del pugile erano allargate ed il peso distribuito in modo uniforme. Questo funzionò meglio.

Nel 1996, feci un bronzo di questo soggetto del quale ero soddisfatto. Ci misi anche un allenatore più vecchio dietro al pugile che gli toglieva l'accappatoio. Pensai che il contrasto tra le età dei due uomini apportava un'ulteriore dimensione al pezzo.

The Fighter, *2000*
Il pugile
60 x 36 (152 x 91.5)

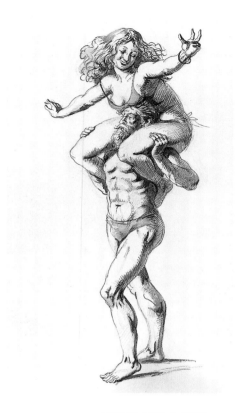

THE BEACH

It's natural for a contemporary figure painter to find inspiration at the beach, with its unending parade of nearly nude humanity.

As a student, I worked summers at a local beach, and in my time off I sketched people swimming, sunning and playing on the sand. I was in art school at that time, and two Americans known for their figure painting, Paul Cadmus and Reginald Marsh, had already claimed beach scenes as their signature work. Marsh, who produced what seemed like hundreds of paintings of Coney Island, was especially identified with this genre.

Reginald Marsh was a good friend of my teacher, Jacques Maroger, and would come to Baltimore to spend time in our painting class. Marsh would work from the model while Maroger taught us.

When I decided to try my own hand at beach painting, I found I couldn't do it. I was intimidated by Marsh and feared that everyone would think I was copying him. Finally, in 1966, I got an idea. I would paint my first beach painting and put Marsh in it!

In the crowd of people is a man carrying a woman on his shoulders. And in the distance, between the man's legs, is a portrait of Marsh. I titled this work, "Reginald Marsh at Coney Island." Somehow, this homage to a great American painter freed me and I have been doing beach paintings ever since.

LA SPIAGGIA

È naturale che un pittore contemporaneo di figura trovi ispirazione sulla spiaggia, con la sua interminabile sfilata di umanità seminuda.

Da studente lavoravo d'estate ad una spiaggia della zona, e durante il tempo libero facevo schizzi della gente che nuotava, prendeva il sole e giocava sulla sabbia. All'epoca frequentavo la scuola d'arte e due americani noti per i loro dipinti di figure, Paul Cadmus e Reginald Marsh, avevano già fatto delle scene alla spiaggia un tratto distintivo del loro lavoro. Marsh, che fece centinaia di dipinti di Coney Island, era particolarmente identificato con questo genere.

Reginald Marsh era un amico intimo del mio insegnante, Jacques Maroger, e veniva a Baltimora ai nostri corsi di pittura. Marsh lavorava sul modello mentre Maroger ci insegnava.

Quando decisi di provare con la pittura di spiaggia, scoprii che non ci riuscivo. Ero intimorito da Marsh e temevo che tutti avrebbero pensato che lo stavo imitando. Finalmente, nel 1966, mi venne un'idea. Avrei dipinto la mia prima pittura di spiaggia e ci avrei messo dentro Marsh!

Nella folla di gente c'è un uomo che porta una donna sulle spalle; in lontananza, tra le gambe dell'uomo, c'è un ritratto di Marsh. Intitolai quest'opera "Reginald Marsh at Coney Island" ("Reginald Marsh a Coney Island"). In qualche modo questo omaggio ad un grande pittore americano mi rese libero e da allora faccio pitture di spiaggia.

Various Studies for The Beach
Vari studi per La spiaggia

The Beach, *2000 - La Spiaggia* 59 x 82 (150 x 210.5)

Hot Summer Evening in the City, *2001 - Calda serata d'estate in città*   60 x 60 (152 x 152)

WEST 4TH STREET

The director of my New York gallery told me that sending my paintings from Italy was not sufficient if I wanted to sell my work in the big city. He said it was important that I be in New York in order to make personal contacts at cocktail parties and other gallery functions. So I took an apartment in midtown near the Hilton Hotel and found a studio on Broadway and Bleeker Street in the Village. Every day I took the subway to and from my studio. My stop was West 4th Street. New York probably has the greatest mix of races, religions and nationalities of any city in the world. And the West 4th Street station was a microcosm of New York, though tilted a bit toward the lower end of the social scale. The station was always jammed with hostile people moving in opposite directions of one another. This seething mass was fascinating to me, especially as it swirled up and down the huge metal stairways. Among the characters there was often a Guardian Angel, a member of the group of Karate-trained teenagers who decided to police the subway themselves. These well organized vigilantes believed the NYPD was ineffective. I sketched the many types of subway denizens and their costumes on a small pad I carried with me. I was physically threatened once when someone caught me sketching him. I thought photographing on the sly might be safer, but a subway cop stopped me, saying it was illegal.

The subway became a major subject for me while I lived in New York. My presence at the gallery's events didn't result in increased sales, by the way, but I did learn that New York was not a place where I wanted to stay.

Il direttore della mia galleria di New York mi disse che spedire i miei dipinti dall'Italia non era sufficiente se volevo vendere il mio lavoro nella grande città. Disse che era importante che fossi a New York per prendere contatti personali nel corso di cocktail party ed altre cerimonie della galleria. Così presi un appartamento in centro, vicino all'Hotel Hilton, e trovai uno studio all'angolo di Broadway e Bleeker Street nel Village. Ogni giorno prendevo la metropolitana per andare e tornare dal mio studio.

La mia fermata era la West 4th Street. New York probabilmente ha la maggiore mescolanza di razze, religioni e nazionalità di qualsiasi città del mondo. E la stazione di West 4th Street costituiva un microcosmo di New York, seppure del settore più basso della scala sociale. La stazione era sempre piena di gente ostile che si muoveva in direzioni opposte.

Questa massa fremente mi affascinava, specialmente il suo muoversi vorticosamente su e giù per le enormi scalinate metalliche. Tra i personaggi c'era spesso un Guardian Angel, un membro di quel gruppo di adolescenti esperti di karatè che decidevano di sorvegliare loro stessi la metropolitana. Questi vigilantes ben organizzati ritenevano che il corpo di polizia di New York fosse inefficiente. Facevo schizzi dei diversi tipi di abitatori della metropolitana e dei loro costumi su un piccolo blocco che mi portavo dietro. Una volta fui fisicamente minacciato quando uno scoprì che lo stavo ritraendo. Pensai che fare delle foto di nascosto sarebbe stato più sicuro, ma un agente della polizia della metropolitana mi fermò, dicendo che era illegale.

La metropolitana divenne uno dei miei principali soggetti mentre vivevo a New York. La mia presenza ai ricevimenti della galleria non fece aumentare le vendite, tra l'altro, ma capii che New York non era un posto dove volevo abitare.

West 4th Street, *1999* 82 x 59 (210 x 150)

Odalisque, *1987/2000 - **Odalisca*** 62 x 36 (158 x 91.5)

Girl with a Sheet, *2000*
Ragazza con lenzuolo
60 x 36 (152 x 91.5)

THE PALIO

The Palio is a horse race, but quite unlike any other. Every year there are actually two Palios held in the main square of Siena, Italy. The first is on July 2 in honor of the "Visitazione di Maria." The second takes place on August 16 to celebrate "La Madonna Assunta in Cielo."

The races originated around 1260, but today's circular course dates from "only" 1656 or thereabouts. The participants are from the 17 "contrade", or neighborhoods, that comprise the city of Siena.

I first learned of the Palio in 1976 from Robert Rourk's novel, "The Winds of War." At the time, I was living in an apartment in a palazzo in Florence owned by the Contessa Piccolomini. When her son Manfredi invited me to go with him to the August 16 Palio, I was elated. It was a terribly hot day, but we had to wear a jacket and tie, unlike the thousands of other spectators dressed in t-shirts and straw hats. We were going to watch the Palio from a private club's balcony right in the middle of the piazza. Clubhouse rules, jacket and tie!

During the race there was a horrid spill at full gallop on a curve named for San Martino. Horses and riders collided and were thrown to the pavement. The incident left so powerful an image that I could not get it out of my mind. Days later back in Florence, I sketched it from memory.

That year I did two large Palio paintings, one of the chaotic start of the race called the "mossa" and the other of the accident at the curve of San Martino. I showed both works at an exhibit in Florence that year. Attending the show was a Sienese lady who turned out to be a sort of mother figure for the Contrada Lupa, one of the neighborhood groups. She became very excited by my Palio paintings and said that she would arrange a show of my work at

Memory Sketch for Palio *Bozzetto a memoria per il Palio*

the Contrada Lupa's clubhouse during the next year's Palio. I did several Palio drawings, watercolors and oils for that show.

At its opening in July 1977, a huge crowd gathered at the front door. There had been plenty of publicity, both on television and in the newspapers. One problem, though: the door was locked and no one was allowed to enter. First, the president of the Contrada Lupa had to speak. He told the crowd that the Palio was being honored by the work the American artist had produced. Then the head of the police spoke, followed by the mayor and the bishop. Finally, the door was opened and much wine was consumed. Thirteen pieces were purchased at that show, and some time later the two large Palio paintings were sold in America.

In 1991, I had one of my last annual exhibits at the Carolyn Hill Gallery in New York. For the show, titled "Sketch Books Revisited," I painted a better version of the original "Curve of San Martino (The Palio)." It was sold during the show.

In 1999, the same painting was donated to the Washington County Museum of Fine Art in Hagerstown, Maryland, and is now part of the permanent collection there.

I redesigned the composition of the colliding horses during the summer of 1998, drawing it in charcoal, white conte and sanguine pencil. This is the design I used for the present Palio painting.

IL PALIO

Il Palio è una corsa equestre completamente diversa da tutte le altre. Ogni anno si tengono in realtà due Palii nella piazza principale di Siena. Il primo è il 2 luglio, in onore della "Visitazione di Maria." Il secondo ha luogo il 16 agosto per celebrare "La Madonna Assunta in Cielo."

Le gare ebbero origine attorno al 1260, ma la corsa circolare che ha luogo ai giorni nostri risale "solo" al 1656 o giù di lì. I partecipanti provengono dalle 17 contrade, o quartieri, che formano la città di Siena.

Venni a sapere del Palio la prima volta nel 1976 dal romanzo di Robert Rourk, "The Winds of War." All'epoca vivevo in un appartamento a Firenze in un palazzo di proprietà della Contessa Piccolomini. Quando suo figlio Manfredi mi invitò ad andare con lui al Palio del 16 agosto ne fui entusiasta. Era una giornata terribilmente calda, ma dovevamo indossare giacca e cravatta, a differenza delle migliaia di altri spettatori che indossavano T-shirt e cappelli di paglia. Avremmo assistito al Palio dalla terrazza di un club privato, proprio nel mezzo della piazza. Le regole del club, giacca e cravatta!

Nel corso della gara ci fu una tremenda caduta al galoppo su una curva intitolata a San Martino. Cavalli e fantini si scontrarono e caddero a terra. L'incidente impresse un'immagine talmente forte nella mia memoria che non riuscii a togliermela dalla testa. Giorni dopo, tornato a Firenze, ne feci uno schizzo a memoria.

Quell'anno feci due dipinti grandi del Palio, uno della caotica partenza della corsa, detta la "mossa", l'altro dell'incidente alla curva di San Martino. Entrambe le opere furono esposte ad una mostra a Firenze quell'anno. La mostra fu visitata da una signora di Siena che risultò essere una sorta di madrina della contrada della Lupa, una delle contrade partecipanti. Era entusiasta dei miei dipinti sul Palio e disse che avrebbe organizzato una mostra dei miei lavori alla sede della contrada della Lupa in occasione del Palio dell'anno seguente. Feci diversi disegni, acquerelli e dipinti ad olio sul Palio per quella mostra.

All'inaugurazione, nel luglio del 1977, un'enorme folla si raccolse all'ingresso. C'era stata molta pubblicità, sia in televisione sia sui giornali. Ma c'era un problema: la porta era chiusa a chiave e nessuno poteva entrare. Prima doveva parlare il presidente della contrada della Lupa. Disse alla folla che il Palio era onorato dell'opera dell'artista americano. Poi parlò il capo della Polizia, seguito dal Sindaco e dal Vescovo. Finalmente aprirono la porta, e si bevve molto vino. Furono comprati tredici pezzi a quella mostra, e tempo dopo i due dipinti grandi del Palio furono venduti in America.

Nel 1991 ci fu una delle mie ultime mostre annuali alla Carolyn Hill Gallery di New York. Per la mostra, intitolata "Sketch Books Revisited" ("Il quaderno degli schizzi rivisitato"), dipinsi una versione migliore dell'originale "Curve of San Martino (The Palio)". Fu venduta nel corso della mostra.

Nel 1999, lo stesso dipinto fu donato al Museo d'Arte della Contea di Washington a Hagerstown, nel Maryland, e adesso fa parte di quella collezione permanente.

Ridisegnai la composizione dello scontro dei cavalli nel corso dell'estate del 1998, usando carboncino, conte bianco e matita color rosso sangue. Questo è il disegno che usai per l'attuale dipinto del Palio.

The Palio, *2001 - **Il Palio*** 59 x 82 (149.5 x 210)

FOOTBALL

In the late '50s and early '60s, Baltimore was very much a football town. For several years, the Baltimore Colts were the best team in the league. Practically everyone in the city was an avid fan, including myself. I tried to go to every game and, while there, I thought about how football was like the old paintings of battles and how it would make a good contemporary subject. It had all the necessary ingredients: color, excitement and male bodies locked in combat.

Football was a perfect theme, except, unlike boxing, which is concentrated in a small area under spotlights, football is played in an open field that's seen from afar. That's a big composition problem.

In 1957, while on my Guggenheim Fellowship in Italy, I had looked closely at the huge battle scenes by Vasari in the Palazzo Signoria in Florence. They were painted on top of an original mural on the same theme by da Vinci. That work had so many technical problems that the paint had blistered and run down the wall. But a Rubens copy of da Vinci's drawing for the mural did survive. We can thus see that Leonardo had put the viewer right in the middle of a battlefield. This close-up view gave me the solution to the composition problem.

So, thousands of miles from Baltimore and the NFL, I did a finished drawing that would later become the painting "Football." It was inspired as much by Renaissance art as by the game itself.

In this new "Football" painting I have used the Baltimore Ravens, the Super Bowl champions of 2001.

FOOTBALL

Alla fine degli anni '50 e inizio anni '60, Baltimora era una città molto appassionata di football. Per diversi anni la squadra dei Baltimore Colts fu la migliore della lega. Praticamente tutti in città erano tifosi accaniti, compreso io. Cercavo di andare ad ogni partita e, mentre ero lì, pensavo che il football fosse simile agli antichi dipinti di battaglie e che sarebbe stato un buon soggetto contemporaneo. Aveva tutti gli ingredienti necessari: colore, eccitazione e corpi maschili avvinghiati nel combattimento.

Il football era un tema perfetto a parte il fatte che, a differenza della boxe che si concentra in uno spazio piccolo sotto i riflettori, il football si gioca in un campo all'aperto visto da lontano. Questo rappresenta un grosso problema di composizione.

Nel 1957, mentre ero in Italia con la borsa di studio Guggenheim, avevo osservato attentamente le enormi scene di battaglia del Vasari a Palazzo della Signoria a Firenze. Erano dipinte sopra un murale originale di Leonardo da Vinci dedicato allo stesso tema. Quell'opera aveva talmente tanti problemi tecnici che il colore aveva formato delle bolle ed era colato lungo la parete. Ma una copia di Rubens del disegno di Leonardo da Vinci per il murale era sopravvissuta. Possiamo così vedere che Leonardo aveva posto lo spettatore in mezzo al campo di battaglia. Questa visione ravvicinata mi offrì la soluzione al problema di composizione.

Così, migliaia di chilometri da Baltimora e dalla NFL, feci un disegno finito che sarebbe poi diventato il dipinto "Football." Era ispirato all'arte rinascimentale quanto al gioco stesso.

Nel nuovo dipinto "Football" ho rappresentato la squadra dei Baltimore Ravens, i campioni del Super Bowl del 2001.

Sketch for Football Painting
Bozzetto per il dipinto Football

Football, *2001* 60 x 69 (152 x 175)

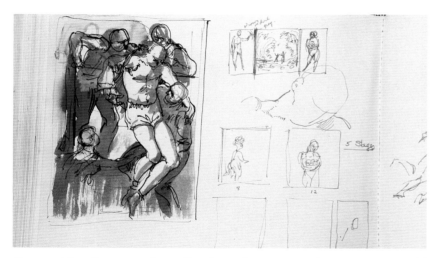

Composition Drawings from Sketch Book - *Disegni di composizioni dal libro degli schizzi*

DESCENT FROM THE RING

I first became interested in boxing when I did a portrait of the former heavyweight champion Floyd Patterson while he was training for his title fight with Tom McNeeley in 1961. After seeing the sort of shape Patterson was in, and realizing he was just a few years younger than me, I decided to start on a physical fitness program at the YMCA. I imitated Patterson's own workout program.

One day, a fighter named Mike Defeo came into the Y and we started to talk about boxers and my paintings. Defeo suggested I go to the Mack Lewis gym, which was used exclusively by fighters, both professional and amateur. I went and Mack gave me the OK to come in every night and draw.

After several weeks, I told Mack I was working out at the Y. He asked to see my left jab. Noting that it was terrible, he offered me a deal. I would paint Mack's portrait as he had been in his own prizefighter days, and in return he would teach me how to box. Years later, having broken my nose and cracked a rib, I had become a fixture in the gym.

One of the promising fighters there was named Ernie Knox. I sparred with him occasionally and we became good friends. Knox was scheduled to fight one of the top heavyweights, Wayne Bethea, and I knew he didn't want to weigh less than 178 pounds for that bout.

The night of the fight I went to The Coliseum to see my friend Ernie fight in the feature event. He was hit hard, collapsed, and died in the ring from a brain hemorrhage.

At once, I began drawing the scene in my sketchbook. The drawings were later used to accompany a story in Sports Illustrated called "The Death of Boxing."

Knox had lost so much weight from dehydration that his corpse was found to weigh only 150 pounds! There was a big investigation, with some saying Ernie was too light to be in the ring with a heavyweight. But Mack Lewis was not the type of manager to put a boxer in a situation where he did not belong.

After Ernie's death, Mack stayed home and would not go back to the gym. All the fighters kept working out at Mack's gym, however. Months later, they convinced Mack to come back.

The painting "Descent from the Ring" was inspired by these events.

DISCESA DAL RING

La prima volta che mi interessai alla boxe fu quando feci un ritratto dell'ex campione dei pesi massimi Floyd Patterson mentre si allenava per l'incontro per il titolo contro Tom McNeeley nel 1961. Dopo aver visto quanto Patterson fosse in forma, e rendendomi conto che era solo un paio di anni più giovane di me, decisi di iniziare un programma di allenamento alla YMCA. Imitai il programma di allenamento di Patterson.

Un giorno un pugile di nome Mike Defeo venne alla YMCA e cominciammo a parlare di pugili e dei miei dipinti. Defeo suggerì che andassi alla palestra di Mack Lewis, che era frequentata esclusivamente da pugili, sia professionisti che dilettanti. Ci andai e Mack mi dette il permesso di andarci tutte le sere a disegnare.

Dopo qualche settimana dissi a Mack che mi allenavo alla YMCA. Mi disse di fargli vedere il mio diretto sinistro. Notando che era pessimo, mi propose un accordo. Io avrei fatto il ritratto di Mack, com'era ai tempi delle sue vittorie, e in cambio egli mi avrebbe insegnato a boxare. Anni dopo, dopo un naso rotto ed una costola incrinata, ero un frequentatore abituale della palestra.

Uno dei pugili promettenti lì si chiamava Ernie Knox. Mi allenavo con lui ogni tanto e diventammo buoni amici. Knox aveva in programma un incontro con uno dei migliori pesi massimi, Wayne Bethea, e sapevo che non voleva pesare meno di 81 chili per quell'incontro.

La sera dell'incontro andai al Coliseum per veder combattere il mio amico Ernie nell'incontro principale. Fu colpito forte, crollò, e morì per un'emorragia cerebrale.

Immediatamente cominciai a disegnare la scena per Sports Illustrated dal titolo "La morte della boxe".

Knox aveva perso talmente tanto peso per disidratazione che il suo cadavere risultò pesare solo 68 chili! Vi fu un'indagine approfondita, ed alcuni dissero che Ernie era troppo leggero per essere sul ring con un peso massimo. Ma Mack Lewis non era il genere di manager da mettere un pugile in una situazione sbagliata.

Dopo la morte di Ernie, Mack rimase a casa senza voler tornare in palestra. Tutti i pugili continuarono comunque ad allenarsi alla palestra di Mack. Mesi dopo convinsero Mack a ritornare.

Il dipinto "Descent from the Ring" fu ispirato a questi eventi (Il titolo del quadro si traduce "Discesa dal ring", ma si noti che "descent" nel linguaggio relativo all'arte significa anche "deposizione dalla croce" N.d.T.).

Descent from the Ring, *1999 - **Discesa dal ring*** 60 x 60 (152 x 175)

Halloween, *1999* 60 x 65 (152 x 166)

Fiori da Rita, *2001*
83 x 69 (210.3 x 175)

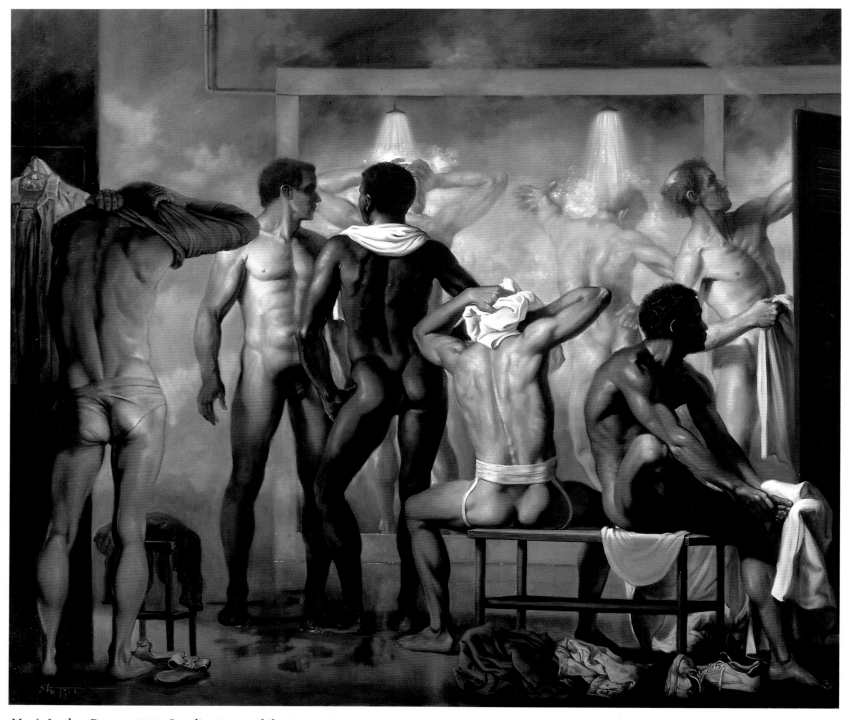

Men's Locker Room, *2000 - **Spogliatoio maschile*** 60 x 69 (152 x 175)

Volley Ball, *2001* - *Pallavolo*   60 x 69 (152 x 175)

IL KNOCKDOWN

Nel gennaio del 1964 feci una copertina per Sports Illustrated dell'incontro Dempsey-Willard. Il direttore della rivista mi fece vedere un vecchio filmato dell'incontro, ed io scelsi alcuni fotogrammi che mi aiutassero a dipingere i due pugili.

Dempsey sembrava posseduto ed era indubbiamente intenzionato ad uccidere il più grosso Willard. Non mostrava alcuna pietà mentre colpiva Willard che si teneva alle corde ed anche quando era già caduto in ginocchio. C'era molto sangue. Willard si ruppe una mascella e delle costole. Dempsey aveva quello che ogni allenatore cerca in un pugile: "l'istinto omicida".

Nel 1985 feci un bronzo con tre figure: due pugili ed un arbitro. Tentai di mostrare questa emozione letale, con l'arbitro che tirava via il pugile aggressivo dalla sua vittima.

Dipinsi poi diverse versioni dello stesso soggetto. Mentre ero soddisfatto dell'arbitro e del pugile aggressivo, la vittima continuava a cambiare posizione. Non trovai mai una posa che mi soddisfacesse.

In questa versione l'ho trovata. Il pugile perdente è ancora in piedi, ma è evidentemente impotente. I suoi allenatori esprimono la gravità della situazione per mezzo delle espressioni e dei movimenti.

Studies for Knockdown
Bozzetti per Knockdown

THE KNOCKDOWN

In January 1964 I did a cover for Sports Illustrated of the Dempsey-Willard fight. The editor of the magazine showed me an old movie of the fight, and I had selected some stills from it to aid me in painting the boxers.

Dempsey seemed possessed and was definitely out to kill the bigger Willard. He showed no mercy, hitting Willard while he was holding on to the ropes and even when he had fallen to his knees. It was very bloody. Willard suffered a broken jaw and ribs. Dempsey had what every trainer looks for in a fighter: "the killer instinct."

In 1985, I sculpted a bronze with three figures: two fighters and a referee. I tried to show this lethal emotion, with the referee pulling the aggressive fighter off his victim.

I then painted several versions of the same subject. While I was contented with the referee and the aggressive fighter, the victim kept changing position. I never found a pose that fully satisfied me.

I have in this version, however. The losing fighter is still standing but is clearly helpless. His handlers show the gravity of the situation by their expressions and movement.

Knockdown, *2000* 69 x 60 (175 x 152)

Rock and Roll, *2000* 60 x 60 (152 x 152)

STRIPTEASE

Reginald Marsh's paintings of burlesque shows started a new genre in American art. With a nude woman dancing a small stage surrounded by leering men, the intimate space was extremely pictorial. It was a perfect opportunity for a contemporary painting of a female nude in motion.

My introduction to this world came from a model we had while I was at art school. Her name was Moana-Lee. She posed in the life class during the day and worked as a stripper at night.

Baltimore had an infamous Tenderloin area called The Block. Moana was at Kay's, one of the more low-down joints in The Block. She persuaded the owner to let me come in to sketch, provided I kept out of the way. I would sit in the back or behind the band and do sketches of the patrons as well as the dancers. A whole series of paintings resulted.

After a while, I got access to many other clubs in The Block, including the more sophisticated 2 O'Clock Club where Blaze Starr performed. By the '50s, the queen of Baltimore burlesque had gained national notoriety. She was featured in Esquire, Life and other mass-circulation magazines, and her reputation would grow even larger due to such escapades as a late-night nearly-nude romp across the lawn of the estate owned by Governor Earl Long of Louisiana.

The painting of Blaze I did in 1954 was my first major large-scale work, measuring six feet by four feet. With the intent of helping promote my career, my photographer friend Morton Tadder took pictures of me painting Blaze's portrait. Mort said he would be able to get one of the photos placed in a top men's magazine, either Esquire or Playboy.

The following year, I won a Guggenheim Fellowship that enabled me to go to Europe for the first time. Just prior to my departure, one of Tadder's photos of me and Blaze was indeed published, not in a relatively classy magazine like Esquire, however, but in Confidential, a scandal sheet not noted for the accuracy of its reporting.

The photo appeared on the cover of Confidential with the headline, "The Secret Story Behind the Painting." Inside was a completely concocted tale about Blaze and myself. I fretted that the Guggenheim people would see the magazine and take away my fellowship. Fortunately, that didn't happen.

The painting changed hands several times and ended up in the Frederick Winner Collection.

In the new version, I decided to put emphasis on the male crowd. In the original painting, the nude dancer was the primary interest and the audience second.

Striptease, *2001* 69 x 60 (175 x 152)

I dipinti degli spettacoli spogliarello di Reginald Marsh inaugurarono un nuovo genere nell'arte americana. Con una donna nuda che ballava su un piccolo palcoscenico circondato da uomini dallo sguardo lascivo, lo spazio intimo era estremamente pittorico. Era l'occasione perfetta per un dipinto contemporaneo di un nudo femminile in movimento.

Fui introdotto a questo mondo grazie ad una modella della scuola d'arte. Si chiamava Moana-Lee. Posava per il corso di pittura dal vivo di giorno e lavorava come spogliarellista di notte.

Baltimora aveva un infame quartiere malfamato che si chiamava The Block. Moana lavorava da Kay's, uno dei locali più scadenti del Block. Convinse il proprietario a lasciarmi entrare a disegnare, a condizione che rimanessi fuori dai piedi. Mi sedevo nel retro o dietro al complesso e facevo schizzi dei clienti e delle ballerine. Il risultato fu tutta una serie di dipinti.

Dopo un po' ebbi accesso a molti altri club del Block, compreso il più sofisticato 2 O'Clock Club dove si esibiva Blaze Starr. Con gli anni '50, la regina dello spogliarello di Baltimora aveva raggiunto la celebrità nazionale. Appariva in Esquire, Life, ed altre riviste a grande diffusione, e la sua reputazione sarebbe cresciuta ancora grazie a scappatelle quali scorrazzare

seminuda in piena notte sul prato della proprietà del governatore della Louisiana Earl Long.

Il dipinto di Blaze che feci nel 1954 fu la mia prima opera maggiore in grande scala, misurava cm 180 per 120. Allo scopo di promuovere la mia carriera, il mio amico fotografo Morton Tadder fece delle foto di me che dipingevo il ritratto di Blaze. Mort disse che sarebbe riuscito a far pubblicare una delle foto in una delle riviste per uomini di alto livello, Esquire o Playboy.

L'anno seguente vinsi una borsa di studio della Guggenheim che mi permise di andare in Europa per la prima volta. Poco prima della mia partenza una delle foto di Tadder che ritraeva me e Blaze fu davvero pubblicata, tuttavia non su una rivista relativamente di classe come Esquire, ma su Confidential, un giornale scandalistico non rinomato per l'accuratezza delle notizie.

La foto apparse sulla copertina di Confidential con il titolo "La storia segreta dietro al quadro." L'articolo conteneva una storia completamente fasulla su me e Blaze. Temevo che quelli della Guggenheim avrebbero visto la rivista e mi avrebbero tolto la borsa di studio. Fortunatamente questo non avvenne.

Il dipinto ha cambiato proprietà diverse volte ed è finito nella collezione Frederick Winner.

Nella nuova versione ho deciso di enfatizzare la folla maschile. Nel dipinto originale la ballerina nuda era al centro dell'interesse e il pubblico era secondario.

MARTICK'S

Martick's was a unique bar in Baltimore. Having started as a grocery store, it became a speakeasy during Prohibition and later a legitimate neighborhood bar. Morris Martick was born upstairs and took over the place when his mother died. The clientele came in different shifts, every day.

In the morning, the local Chinese would drift in. At lunch, a few sailors came up from the harbor. By five, the bar was filled with reporters and artists. From six to eight, the scene became almost totally gay. At night, a line of college kids would queue up to hear the Dixieland band that played at Martick's. There was something for everyone, and these different groups would overlap and mix together.

On the walls of his small place, Morris hung rotating art exhibits. My first show was there, and it was my mother's boyfriend who bought the only painting that sold.

At Martick's I also lost a wife to the Dixieland band's drummer, and later I had a wedding celebration in the back room. You could say I was an habitué of Martick's.

Once segregation began to crumble, Martick's became the first bar in Baltimore to integrate. Later, when the drug scene arrived, the customers literally took over the place, and it became quite rowdy. Morris finally turned the bar into a French restaurant. It was the end of an institution.

I made several paintings inspired by events at the bar. The one I liked best was this fantasy painting that includes the barmaid, Macum Soul. She was quite a character, as were many of the patrons of Martick's.

DA MARTICK

Martick era un bar unico nel suo genere a Baltimora. Aveva iniziato come negozio di alimentari, per poi diventare uno speakeasy, un locale clandestino per la vendita di alcolici, durante il Proibizionismo e poi un bar regolare del quartiere. Morris Martick era nato al piano di sopra ed assunse la direzione del locale quando sua madre morì. La clientela era divisa in turni diversi, ogni giorno.

Al mattino c'era l'afflusso dei cinesi locali. All'ora di pranzo saliva dal porto qualche marinaio. Per le cinque il bar era gremito di reporter ed artisti. Dalle sei alle otto l'ambiente era quasi completamente gay. La sera, i ragazzi del college si mettevano in fila per sentire il gruppo Dixieland che suonava da Martick. C'era qualcosa per tutti, e questi diversi gruppi si sovrapponevano e mescolavano tra di loro.

Alle pareti del suo piccolo locale Morris esponeva opere d'arte a rotazione. La mia prima mostra fu lì, e fu il compagno di mia madre a comprare l'unico quadro che fu venduto.

Da Martick persi anche una moglie, grazie al batterista del complesso Dixieland, e più tardi vi festeggiai un matrimonio nella stanza sul retro. Si potrebbe dire che ero un habitué di Martick.

Quando la segregazione razziale cominciò a sgretolarsi, Martick's divenne il primo bar di Baltimora che abolì la segregazione. Più tardi, quando si affacciò l'ambiente della droga, i clienti assunsero letteralmente la direzione del locale, e divenne piuttosto turbolento. Morris infine trasformò il bar in un ristorante francese. Fu la fine di un'istituzione.

Dipinsi diversi quadri ispirati agli avvenimenti del bar. Quello che preferivo era un dipinto fantastico che comprendeva la barista, Macum Soul. Era davvero un tipo strano, come molti dei clienti abituali di Martick.

Sketch for Martick's
Bozzetti per Da Martick

Martick's, 2001 - ***Da Martick*** *60 x 69 (152 x 175)*

QUINTO'S

In 1978, after getting divorced, I moved to Settignano, the small town outside Florence where Michelangelo lived as a young boy. My days were busily spent painting, but I found the nights very lonely. Soon, however, I discovered Quinto's, a small trattoria in Florence where singers and musicians gathered nightly to perform for one another as well as for the customers. Quinto, the owner, was the star. He would sing Puccini arias as he served customers.

Luigi (seated second from right) was a regular performer at the Trattoria da Quinto. He was a tenor who never stood while singing. I did a charcoal drawing of Luigi on one of his visits to my studio.

Guglielmo (first figure seated from the right) was at the top of the tenor pecking order. His voice was the loudest and strongest. In his youth, Guglielmo had shown promise as an opera performer but too much booze had left him singing at Quinto's. One night on his way home from the trattoria, Guglielmo fell off the Ponte alle Grazie and drowned.

Many of the other characters in the painting are also no longer with us.

At Quinto's, as at most Italian restaurants, there would be only one seating for dinner, usually between eight and nine. Afterward, people would continue to drink and then the singers and musicians would perform. I sketched until everyone left around midnight. These sketches developed into the first painting of Quinto's.

DA QUINTO

Nel 1978, dopo aver divorziato, mi trasferii a Settignano, il paese alla periferia di Firenze dove Michelangelo visse da ragazzo. Durante il giorno ero molto impegnato con la pittura, ma la sera mi sentivo molto solo. Subito, però, scoprii Quinto, una piccola trattoria a Firenze dove cantanti e musicisti si ritrovavano ogni sera ad esibirsi l'uno per l'altro e per i clienti. Quinto, il proprietario, era la star. Cantava arie di Puccini mentre serviva i clienti.

Luigi (il secondo seduto da destra) si esibiva regolarmente alla Trattoria da Quinto. Era un tenore che non cantava mai in piedi. Feci un disegno a carboncino di Luigi nel corso di una delle sue visite al mio studio.

Guglielmo (la prima figura seduta da destra) era il massimo nella gerarchia dei tenori. La sua voce era la più forte e sonora. In gioventù, Guglielmo era stato una promessa come cantante d'opera, ma per il troppo alcool era rimasto a cantare da Quinto. Una notte, al ritorno a casa dalla trattoria, Guglielmo cadde dal Ponte alle Grazie e affogò.

Molti degli altri personaggi del dipinto non sono più con noi.

Da Quinto, come in molti ristoranti italiani, c'era un solo servizio per la cena, in genere tra le otto e le nove. Dopo la gente continuava a bere e allora si esibivano i cantanti e i musicisti. Io facevo schizzi fino a che tutti se ne andavano, verso mezzanotte. Questi schizzi si svilupparono poi nel primo dipinto di Quinto.

Quinto's, *2000 - **Da Quinto*** 48 x 82 (122 x 210.5)

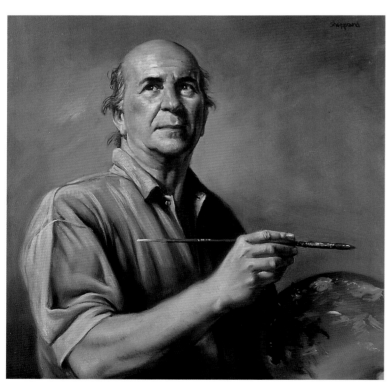

Nilda, Sculptress / *Scultrice*, 1999

Romano, Painter / *Pittore*, 1999

Aart, Sculptor / *Scultore*, 2000

Enzo, Craftsman / *Artigiano*, 2000

Franco, Craftsman / *Artigiano*, 2000

Togni, Craftsman / *Artigiano*, 2000

RITRATTI
PIETRASANTA, DODICI RITRATTI

Sirio, Bar Michelangelo, *2000*

Roberto, Fonderia Del Chiaro, *2000*

La Zia, Resident / *Cittadina*, *2000*

54

Vittoriano, La Dogana, *2001*

Alessandro, Gatto nero, *2000*

Boberg, Painter / *Pittore*, *1999*

DRAWINGS - DISEGNI

Someone asked Pontormo, "Which is the greater art, painting or sculpture?" Pontormo replied, "Drawing."

Maybe that dialogue really took place, and maybe it did not. But it is a story you never forget if you love drawings. For Pontormo was saying something that every serious artist knows: drawing is the purest form of visual art.

The act of drawing is the artist's most direct, most intense, and most personal response to nature. The speed and simplicity of the drawing process reveals everything: how much the artist knows about nature and his craft; how decisively he can visualize what he sees or what he imagines; and how he really feels. Drawing is an utterly transparent art form. We feel closest to the artist in his drawings.

Looking at Joseph Sheppard's drawings, you know immediately that he is fascinated by anatomy — like the Renaissance and baroque masters who inspire him. Sheppard knows that to draw the human figure with authority, you must understand how the human body works. His drawings have such remarkable vitality and conviction because he knows the human body from inside out.

And like the masters from the fifteenth, sixteenth, and seventeenth centuries, Sheppard is clearly schooled in the classical ideal of beauty. The forms and proportions of Greek art, rediscovered in the Renaissance, lend grace and logic to his drawings.

But the handsome drawings in this book are far more than the schematic renderings of the human figure that are too often produced by artists who work self-consciously in the Renaissance manner. (It is easy for any skilled draftsman to create a pastiche of classical forms and stop there.) For Sheppard, however, anatomy and classical canons of form are never ends in themselves; they are tools that help the artist to capture the unique character of the living form.

Sheppard does not simply draw an idealized classical figure — he draws a unique human body. He draws a specific person. His figures are handsome, of course, but their beauty is not achieved merely by imposing an abstract system of classical forms on the model. Above all, he finds beauty in the characteristic shape, stance, and gesture of that model.

Joseph Sheppard is fascinated by the specifics of the human body. Each drawing is an attempt to discover the qualities that make each human figure different from all others. His wonderfully relaxed, yet precise, line moves down the contours of the figure, searching for the exact curves and authentic detail of real bone and muscle. A stick of white chalk glides over the surface of the figure, tracing the exact movement of the light over the form. A drawing by Joseph Sheppard glows with a soft, inner light. The shapes have a swelling, resilient quality that makes the figure spring to light.

Joseph Sheppard's beautiful drawings reveal an artist who is passionate about the human figure, superbly trained in traditional craftsmanship, profoundly enriched by his study of the masters, yet always deeply rooted in realism.

Donald Holden
From Joseph Sheppard's book
Selected Works

Qualcuno chiese a Pontormo, "Qual è la maggiore forma d'arte, la pittura o la scultura?" Pontormo rispose, "Il disegno".

Forse questo dialogo è avvenuto davvero, o forse no. Ma è una storia che non si dimentica mai se si ama il disegno. Poiché Pontormo diceva qualcosa che ogni artista serio sa: il disegno è la forma più pura di arte visiva.

L'atto di disegnare è la reazione più diretta, più intensa e più personale dell'artista di fronte alla natura. La velocità e la semplicità del processo di disegnare rivela tutto: quanto l'artista sa della natura e della sua arte; con quanta risolutezza egli è capace di visualizzare ciò che vede o ciò che immagina; e come egli davvero prova le sensazioni. Il disegno è una forma d'arte totalmente trasparente. Ci sentiamo più vicini all'artista nei suoi disegni.

Guardando i disegni di Joseph Sheppard, si capisce subito che egli è affascinato dall'anatomia — come i maestri del Rinascimento e del Barocco ai quali si ispira. Sheppard sa che per disegnare la figura umana con autorità si deve capire il funzionamento del corpo umano. I suoi disegni sono caratterizzati da tale straor-

dinaria vitalità e sicurezza perché egli conosce il corpo umano dal di dentro.

E come i maestri del quindicesimo, sedicesimo e diciassettesimo secolo, Sheppard è stato evidentemente educato all'ideale classico di bellezza. Le forme e proporzioni dell'arte greca, riscoperte nel Rinascimento, donano grazia e logica ai suoi disegni.

Ma i notevoli disegni in questo libro sono molto più che le rappresentazioni schematiche della figura umana troppo spesso prodotte da artisti che lavorano coscientemente nella maniera Rinascimentale. (È facile per qualsiasi disegnatore dotato creare un pastiche di forme classiche e fermarsi lì.) Per Sheppard, comunque, l'anatomia ed i canoni classici della forma non sono mai fine a se stessi; essi sono gli strumenti che aiutano l'artista a catturare la caratteristica unica della forma vivente.

Sheppard non si limita a disegnare una figura classica idealizzata — egli disegna un corpo umano unico. Egli disegna una persona specifica. Le sue figure sono belle, ovviamente, ma la loro bellezza non è ottenuta semplicemente imponendo un sistema di forme classiche sul modello. Soprattutto, egli trova la bellezza nella forma, nell'atteggiamento, nella mimica che caratterizzano quel modello.

Joseph Sheppard è affascinato dalle peculiarità del corpo umano. Ciascun disegno costituisce un tentativo di scoprire le qualità che rendono ciascuna figura umana diversa da tutte le altre. La sua linea, splendidamente rilassata ma precisa, si muove lungo i contorni della figura in cerca delle curve esatte e del dettaglio autentico di ossa e muscoli reali. Un pezzo di gessetto bianco scivola sulla superficie della figura, delineando esattamente il movimento della luce sulla forma. Un disegno di Joseph Sheppard risplende di una luce soffusa e interna. Le forme hanno una capacità di ripresa, un crescendo che fa sì che la figura emerga verso la luce.

Gli splendidi disegni di Joseph Sheppard rivelano un artista appassionato della figura umana, preparato in modo eccellente nel mestiere dell'arte tradizionale, profondamente arricchito dal suo studio dei maestri, eppure sempre profondamente radicato nel realismo.

Donald Holden
dal libro di Joseph Sheppard
Selected Works

THE ARTIST AS A DRAFTSMAN

Joseph Sheppard's 1959 exhibition at the Grand Central Galleries in New York City was my first experience with the artist's work. Even then, the quality of his early figure studies revealed his historical awareness of the nude as a compulsive subject. Any analogy should end here, however, for the artist had clearly demonstrated his ability to relate to the nude with new vitality and significance. A later exhibition for the Westmoreland Museum of Art in 1966, followed by a second success in 1972, brought us together in his Baltimore studio. Since that time, Sheppard's professional career as an instructor in anatomical drawing has culminated in five important books: *Anatomy, Drawing the Female Figure, Drawing the Male Figure, Learning from the Masters*, and *Drawing the Living Figure*.

I recall our many conversations about the history of the figure and its importance as a meaningful symbol in the aftermath of World War II. The following essay is an attempt to examine these ideas in light of both our philosophies on the continuing significance of the human form in art.

The post-war decades have been ones of severe transition, in which the threat of extinction of the entire human race has towered above the loftiest of ideals in a manner similar to its symbol, the mushrooming cloud of atomic detonation. With each successive hostility contemporary man has sought, often in vain, to temper this flux. His search for security has manifested itself in leagues and pacts which concur upon the most salient factors to arrest his immediate danger. Yet the presence of expediency, and the temporal aspects of these efforts, limit the degree of success which they may attain, and instill anxieties which are politically, socially and individually enervating.

That which is primal is that which can furnish a propitious base upon which to build a new temple in which subsequent generations can securely reside. That which is primal is man. Man is the cause célèbre, and today, in a world less unified theologically, intellectually and politically than ever before, man is the agent of his own fate. Within him are the seeds of his own destruction, or his own fruition. That man must prevail is the ultimate concern, and that he is the power which shall ensure his prevalence is the ultimate reality.

By what means may this new "humanism" find expression? To achieve the goal of spirituality uniting men and their actions in an effort to overcome the tyrannies and predilections of willful demagogues, what sort of activity may best succeed? Traditionally, the arts have been the residuum of human expression. Is it then the arts which must again assert themselves as the champion of man?

A study of the creative forces at work in America since the end of the Second World War indicates a resurgence of humanity as expressed in the image of man in the visual arts. A sufficiently strong body of American painters has arisen in these decades to use the human figure realistically in a variety of styles exemplified by Reginald Marsh, Isabel Bishop, Henry Koerner, Paul Cadmus, Larry Rivers, Willem de Kooning, Lester Johnson and Philip Pearlstein, as well as the more blatant proponents of "Pop" imagery. There is a positive current of identification running through this group of artists, who seem united in a common concern for man.

Foremost among these is Joseph Sheppard and the elevation to which he has carried the art of the figure. Consistently and magnanimously, he has explored the image of man to its fullest that he might reiterate and discover nobility and meaning in this, the oldest and greatest of visual subjects. Sheppard has thus attained a degree of profundity, and with it a degree of success, which are unrivaled in his particular metier.

Girl in a slip, *2001 - Ragazza in sottoveste* 54³/₄ x 30³/₄ (139 x 78)

The ultimate importance of an artist depends as much on qualities of character, and opportunity, as on native abilities. The determination and persistence required to extract the full possibilities from an idea is as vital as the imagination which first creates the idea. Sheppard certainly possesses these qualities in rendering homage to the human form.

Joseph Sheppard's style is classical, and he shares Rubens' delight in the plastic, supple beauty of the nude. The drawings in the exhibition are representative of the artist's ability to demonstrate various drawing styles. It is obvious that Sheppard has studied the drawing styles of the Old Masters and, as a result, his drawing techniques reflect the knowledge and discipline of anatomical correctness using the academic mediums of sanguine, charcoal and ink, heightened with white on various colored papers. The artist's anatomical style is also in the tradition of academic classicism where the muscular contours of the figure are achieved by the means of chiaroscuro drawing.

Among those elements in art that will always remain constant, the human figure has a particular significance. Since the reappearance of classical ideals in the quattrocento, each generation of artists has dealt with the aesthetic beauty of the human form in its own way. Joseph Sheppard has added meaningfully to this literature in our time.

Paul A. Chew
Director Emeritus Westmoreland Museum of Art

Execution, *2001 - **Esecuzione*** 41³/₄ x 41³/₄ (106 x 106)

L'ARTISTA COME DISEGNATORE

La mostra di Joseph Sheppard del 1959 presso le Grand Central Galleries di New York fu il mio primo incontro con il lavoro dell'artista. Già allora la qualità dei suoi primi studi di figure rivelava la sua coscienza storica del nudo come un soggetto avvincente. Ma le analogie sono limitate a ciò, poiché l'artista aveva chiaramente dimostrato la sua capacità di affrontare il nudo con nuova vitalità e significato. Una successiva mostra presso il Westmoreland Museum of Art nel 1966, seguita da un secondo successo nel 1972, ci fece incontrare nel suo studio di Baltimora. Da quei tempi la carriera professionale di Sheppard come insegnante di disegno anatomico è culminata in cinque importanti libri: Anatomy, Drawing the Female Figure, Drawing the Male Figure, Learning from the Masters e Drawing the Living Figure.

Ricordo le nostre numerose conversazioni sulla storia della figura umana e sulla sua importanza quale simbolo eloquente nel periodo dopo la Seconda Guerra Mondiale. Il saggio che segue costituisce un tentativo di esaminare queste idee alla luce di entrambe le nostre filosofie sull'importanza tuttora attuale della figura umana nell'arte.

I decenni del dopoguerra sono stati un periodo di forte transizione in cui la minaccia dell'estinzione dell'intera specie umana ha sovrastato il più nobile degli ideali in modo simile al suo simbolo, la nuvola del fungo atomico. Ad ogni ostilità che si è susseguita l'uomo contemporaneo ha tentato, spesso invano, di attenuare questo stato d'incertezza. La ricerca di sicurezza si è espressa in leghe e patti che concorrono, tra le altre cose, ad arrestare il pericolo immediato. Eppure la componente utilitaristica, e il carattere transitorio di questi tentativi, limitano il successo che potrebbero ottenere, ed infondono ansie snervanti da un punto di vista politico, sociale e individuale.

Quanto abbiamo di primitivo, originale, può costituire fondamenta propizie su cui edificare un nuovo tempio in cui le generazioni future possano abitare senza pericolo. Quanto abbiamo di primitivo è l'uomo. L'uomo è la cause célèbre, ed oggi, in un mondo meno unificato dal punto di vista teologico, intellettuale e politico di quanto non sia mai stato, l'uomo è l'artefice del proprio destino. In lui è insito il seme nella sua distruzione, o della sua realizzazione. Che l'uomo debba trionfare costituisce la questione fondamentale, e che egli sia la forza che gli assicurerà il trionfo rappresenta la verità fondamentale.

Con che mezzi si può esprimere questo nuovo "umanesimo"? Per raggiungere la meta della spiritualità unendo gli uomini e le loro azioni in uno sforzo che sconfigga le tirannie e gli interessi di irragionevoli demagoghi, che genere di attività potrà aver successo? Tradizionalmente, le arti sono state il residuo dell'espressione umana. Saranno quindi le arti che dovranno ancora farsi valere in difesa dell'uomo?

Uno studio delle forze creative attive in America dalla fine della Seconda Guerra Mondiale indica una rinascita dell'umanità espressa dall'immagine dell'uomo nelle arti visive. In questi decenni si è formato un gruppo abbastanza consistente di pittori americani che usano la figura umana in modo realistico in una varietà di stili esemplificati da Reginald Marsh, Isabel Bishop, Henry Koerner, Paul Cadmus, Larry Rivers, Willem de Kooning, Lester Johnson e Philip Pearlstein, così come i più vistosi sostenitori del linguaggio figurato "Pop". Vi è una inequivocabile corrente di identificazione in questo gruppo di artisti che paiono uniti in un comune interesse per l'uomo.

Il principale di questi è Joseph Sheppard e l'altezza a cui ha innalzato l'arte della figura umana. Egli ha consistentemente e generosamente esplorato l'immagine dell'uomo nel modo più completo così da poter replicare e scoprire nobiltà e significato in questo, il più antico e grande dei soggetti visivi. Sheppard ha in tal modo raggiunto un livello di profondità, e con esso un livello di successo, senza pari nell'ambito specifico del suo mestiere.

L'importanza fondamentale di un artista dipende tanto dalle caratteristiche della sua indole, e dalle opportunità, quanto dalle abilità innate. La determinazione e la persistenza necessarie per estrarre tutte le possibilità da un'idea sono vitali quanto l'immaginazione che per prima crea l'idea. Sheppard indubbiamente possiede queste qualità nel rendere omaggio alla figura umana.

Lo stile di Joseph Sheppard è classico, ed egli condivide con Rubens il piacere per la bellezza plastica e malleabile del nudo. I disegni esposti sono rappresentativi dell'abilità dell'artista nel dimostrare diversi stili di disegno. È evidente che Sheppard ha studiato gli stili del disegno dei Grandi Maestri: i suoi disegni, di conseguenza, riflettono la conoscenza e la disciplina della precisione anatomica grazie all'uso dei mezzi accademici del sanguigno, del carboncino, e dell'inchiostro, messi in rilievo dal bianco su carta di diversi colori. Lo stile anatomico dell'artista si inserisce anche nella tradizione del classicismo accademico in cui il profilo dei muscoli della figura umana si ottiene per mezzo del disegno chiaroscuro.

Tra gli elementi dell'arte che rimarrà sempre costante, la figura umana ha un significato particolare. Dalla ricomparsa nel Quattrocento degli ideali classici, ciascuna generazione di artisti ha affrontato la bellezza estetica della figura umana a modo suo. Joseph Sheppard ha dato a questa letteratura nel nostro tempo un apporto significativo.

Paul A. Chew
Director Emeritus
Westmoreland Museum of Art

Two Girls, *2001*
Due ragazze
$56^{1}/_{4}$ x $35^{1}/_{2}$ (143 x 90)

Girl with a Sheet, *2001*
Ragazza con lenzuolo
50 x 38 (127 x 97)

Merry Company, *2001*
L'allegra compagnia
(127 x 108)

Icarus, *2001*
Icaro
38 x 53 (97 x 135)

Provincetown Bar, *2001*
Bar di Provincetown
39 x 57¾ (99 x 147)

Volley Ball, *2001 - Pallavolo* 36 x 54 (91 x 137)

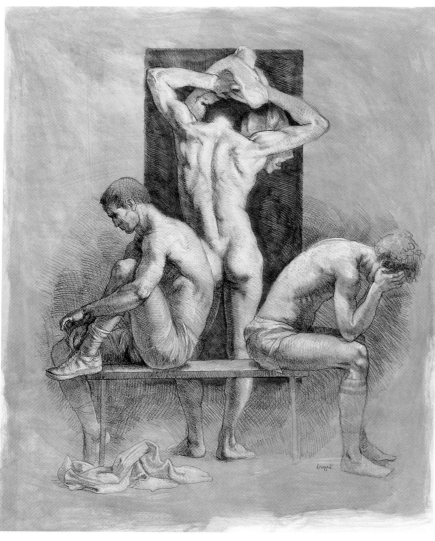

Men's Locker Room, *2001*
Spogliatoio maschile
50 x 39 (127 x 100)

Putting up the Tents, *2001*
Si montano le tende
55 x 41¼ (140 x 105)

SCULPTURE
EIGHT STUDIES FOR THE HOLOCAUST MEMORIAL

SCULTURA
OTTO STUDI PER IL MONUMENTO ALL'OLOCAUSTO

THE SCULPTOR IN JOSEPH SHEPPARD

What do you call a person who draws, paints in oil, tempera and watercolor, sculpts and writes books on anatomy and drawing, and does all of the above extraordinarily well? Surely a genius. Joseph Sheppard must be the reincarnation of a Renaissance artist.

Next, how do you define him? He certainly is an interesting mix of the past and the present. If you take one part of Michelangelo, add an equal amount of Bernini, stir in the taste of Rubens, and season with dashes of Marsh, Sloan and Bellows, you have Joseph Sheppard.

I first knew of his work in painting, and I was struck by the third dimensional quality of his human figures. Indeed, they seemed to extend out from the canvas almost as a bas-relief. Therefore, it came as no great surprise to me when I discovered that he also was a sculptor. Such a combination of painter and sculptor is rare, but in this case it seemed quite logical.

As a sculptor he is not fettered by the conventions, stylizations and mores of the past. He has the talent and prodigious drive to produce an avalanche of sculpture. I define his work as neo-realism.

It is a realism of today, devoid of pretensions, but rooted in the accurate observation of the human figure. His work speaks to us directly. What he is saying through his sculpture comes to us loud and clear.

It is interesting that in art school his first love was drawing in which he excelled. From there it was but a short step to painting. Not until much later in his career, after he had achieved success and recognition as a painter, did he turn to sculpture. In it he found the joy of rendering the human form in real three dimensions rather than the chiaroscuro of drawings and paintings. The simplicity of the single figure, or a few in a group, freed him from the crowded Rubensesque compositions of some of his paintings.

In his sculpture he has achieved absolute mastery of his medium, and he creates both monumental and voluptuous forms. Whether he is working in clay for either bronze or marble he is supremely versatile, and can create images of great sensuality or strength.

His roots lie in Maryland, and he divides his time between Baltimore and his studio in Pietrasanta, Italy, a town of sculptors, marble quarries and bronze foundries. His success as a sculptor is nationally recognized. Galleries and museums have exhibited his work, and he is represented in permanent collections, both public and private. He created fine art medals for me for both Brookgreen Gardens and the Society of Medalists. His peers have elected him a Fellow of the National Sculptor Society, an honor shared by only slightly over 100 sculptors in America.

Joseph Veach Noble
Chairman of the Board of Trustees
Brookgreen Gardens of American Sculpture

LO SCULTORE IN JOSEPH SHEPPARD

Che qualifica dare ad una persona che disegna, dipinge ad olio, tempera ed acquerello, scolpisce e scrive libri di anatomia e disegno, e fa tutto ciò straordinariamente bene? Indubbiamente un genio. Joseph Sheppard dev'essere la reincarnazione di un artista del Rinascimento.

Inoltre, come definirlo? Egli è sicuramente un'interessante combinazione del passato e del presente. Se si prende una parte di Michelangelo, si aggiunge una parte uguale di Bernini, si miscela con un po' di Rubens, e si condisce con qualche goccia di Marsh, Sloan e Bellows, si ottiene Joseph Sheppard.

Lo conobbi dapprima come pittore, e fui colpito dalla qualità tridimensionale delle sue figure umane. Effettivamente parevano sporgere dalla tela quasi come dei bassorilievi. Quindi, non fu una grande sorpresa quando scoprii che era anche uno scultore. Tale combinazione di pittore e scultore è rara, ma in questo caso pareva piuttosto logica.

Come scultore non è limitato dalle convenzioni, stilizzazioni e tradizioni del passato. Egli ha il talento e il poderoso spirito d'iniziativa che gli consente di produrre una valanga di sculture. Io definisco la sua opera neorealismo.

È un realismo del giorno d'oggi, privo di pretese, ma radicato nell'accurata osservazione della figura umana. La sua opera ci parla in modo diretto. Ciò che sta dicendo per mezzo della sua scultura ci giunge forte e chiaro.

È interessante notare che alla scuola d'arte il suo primo amore fosse il disegno, nel quale eccelleva. Di lì alla pittura il passo fu breve. Non fu che molto più tardi nella sua carriera, dopo aver raggiunto il successo ed il riconoscimento come pittore, che si rivolse alla scultura. In essa trovò la gioia del rappresentare la figura umana in una tridimensionalità reale, piuttosto che il chiaroscuro del disegno e della pittura. La semplicità della singola figura umana, o alcune in gruppo, lo liberano dalle composizioni affollate alla Rubens di alcuni dei suoi dipinti.

Nella scultura ha raggiunto la padronanza assoluta del mezzo, e crea forme sia monumentali sia voluttuose. Che lavori l'argilla per il bronzo o per il marmo egli è estremamente versatile, e può creare immagini di grande sensualità o forza.

Le sue radici sono nel Maryland, ed egli si divide tra Baltimora e il suo studio a Pietrasanta, nei pressi di Lucca, una cittadina di scultori, cave di marmo e fonderie di bronzo. Il suo successo come scultore è riconosciuto a livello nazionale. Musei e gallerie hanno esposto le sue opere, ed è presente in collezioni permanenti, sia pubbliche che private. Egli ha creato per me medaglie artistiche sia per Brookgreen Gardens sia per la Society of Medalists. I suoi colleghi lo hanno nominato membro della National Sculptor Society, un onore condiviso solo da poco più di cento scultori in America.

Joseph Veach Noble
Presidente del Consiglio d'Amministrazione
Brookgreen Gardens of American Sculpture

Sheppard and Enzo Pasquini in the Pasquini Studio / *Sheppard ed Enzo Pasquini nello studio di Pasquini*

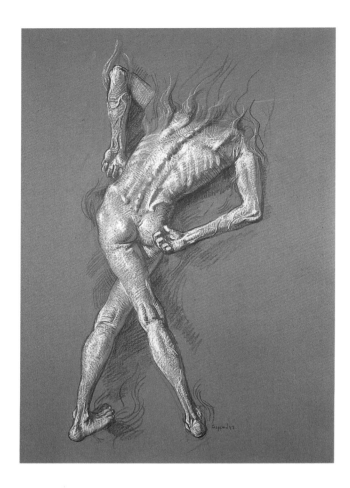

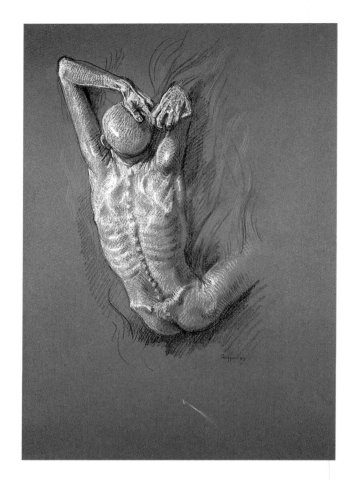

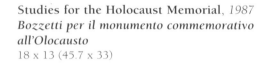

Studies for the Holocaust Memorial, *1987*
Bozzetti per il monumento commemorativo
all'Olocausto
18 x 13 (45.7 x 33)

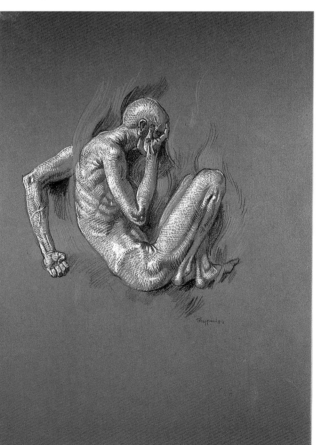

"Those who cannot remember
the past are
condemned to repeat it".

*"Coloro che non riescono a ricordare
il passato sono
condannati a ripeterlo".*

Santayana

A man-made inferno

"That Sheppard can speak as eloquently of death
as of life can be seen in a group of studies for a
Holocaust Memorial in Baltimore, Maryland. Here
skeletal figures writhe in a man-made inferno, a
home made hell on earth, some clutching children
as they perish in a cypress-shaped cone of flame.
This moving, deeply disturbing suite of studies
seems a suitable finale to an exhibition which so
feelingly celebrates life. They form a major statement about man's inhumanity by a major humanist
whose reverence for every living thing can be seen
in every stroke that he paints."

Un inferno plasmato dall'uomo

*"Che Sheppard sappia parlare altrettanto eloquente-
mente della morte come della vita si può vedere in un
gruppo di studi per un monumento commemorativo
all'Olocausto a Baltimora, Maryland, USA. Qui figure
scheletriche si contorcono in un inferno plasmato dal-
l'uomo, un inferno sulla terra, fatto in casa, bambini
che si aggrappano mentre muoiono in un cono di fuoco
a forma di cipresso. Questa serie di studi, che commuo-
ve e turba profondamente, ci pare un finale adatto ad
una mostra che con tanta passione celebra la vita. Essi
costituiscono un'affermazione fondamentale sulla cru-
deltà dell'uomo da parte di un grande umanista la cui
venerazione per ogni forma di vita è percepibile in ciascuna pennellata."*

*Claude LeSuer
ARTspeak, November, 1987*

Holocaust Victim I, *1990 - detail of monument, bronze*
Vittima dell'Olocausto I *- dettaglio del monumento, bronzo*
height/*altezza* 64 (163)

Studies for the Holocaust Memorial, *1987*
Bozzetti per il monumento commemorativo
all'Olocausto
18 x 13 (45.7 x 33)

"... and a powerful voice for humanity rings out from his majestic 16'-high bronze Holocaust Memorial. This internationally-acclaimed monument to the victims of Nazi death camps achieves the ultimate goal of the public statement in art: it combines awesome beauty with a profoundly moving and agonizingly articulate message. A masterful example of the distribution of mass and volume, classically perfect in proportion and yet thoroughly contemporary in tone, its writhing human bodies consumed in flame cry out with all the eloquence of the ages."

"... ed una potente voce per l'umanità risuona dal suo maestoso monumento in bronzo all'Olocausto alto quattro metri, l'Holocaust Memorial. Questo monumento alle vittime dei campi di sterminio nazisti, riconosciuto a livello internazionale, raggiunge lo scopo fondamentale di una dichiarazione pubblica nell'arte: associa la bellezza imponente ad un messaggio profondamente commovente e penosamente articolato. Un magistrale esempio di distribuzione di massa e volume, classicamente perfetto nelle proporzioni eppure completamente contemporaneo nel tono, i corpi umani che si contorcono consumanti dalle fiamme gridano con tutta l'eloquenza dell'eternità."

Dennis Wepman, giugno 1989
The Public Work of Joseph Sheppard

Holocaust Memorial, *1988*
bronze, unique, height / *altezza* 144 (366)
Monumento commemorativo all'Olocausto
bronzo, pezzo unico

Holocaust victim II , *1990* - detail of momument, bronze
Vittima dell'olocausto II - *dettaglio del monumento, bronzo*
height / *altezza* 63 (160)

"Since it is voluptuous figures in bronze that spring most readily to mind when one recalls Sheppard's past achievements as a sculptor, the powerful marble, 'Sebastian', represents a significant departure, both in its subject and in its medium. This unique piece (also executed as an edition of ten bronzes) makes clearer than ever Sheppard's relation to such great masters as Bernini and Michelangelo, particularly in its detailed depiction of male musculature. Characteristically, however, Sheppard stresses the contemporary immediacy of this strong male nude by omitting the symbolic arrows that one would expect in a more traditional treatment of the subject, as well as by dispensing with any implication of saintliness in its title. With his hands bound behind his back, Sheppard's 'Sebastian' could be a political prisoner in shackles or a modern rock star indulging in sadomasochistic theatrics, as easily as martyred saint. Thus, Sheppard frees the figure from the constraint of religious myth, making his 'Sebastian' all the more believable as a living, breathing being."

"Poiché sono le figure voluttuose in bronzo quelle che vengono per prime alla mente quando uno ricorda le realizzazioni passate di Sheppard come scultore, il poderoso marmo, 'Sebastiano', costituisce una significativa deviazione, sia nel soggetto sia nel mezzo. Questo pezzo unico (realizzato anche in un'edizione di dieci bronzi) rende più evidente che mai il rapporto di Sheppard con i grandi maestri quali Bernini e Michelangelo, particolarmente nella rappresentazione dettagliata della muscolatura maschile. Tipicamente, tuttavia, Sheppard sottolinea l'immediatezza contemporanea di questo forte nudo maschile omettendo le frecce simboliche che ci si aspetterebbe in un trattamento più tradizionale del soggetto, così come elimina ogni implicazione di santità nel titolo. Con le mani legate dietro la schiena, il 'Sebastiano' di Sheppard potrebbe essere un prigioniero politico in catene o una rock star moderna che si abbandona ad istrionismi sadomasochistici, così come un santo martire. In tal modo Sheppard libera la figura dalla costrizione del mito religioso, rendendo il suo 'Sebastiano' ancor più credibile in quanto essere che vive e respira."

Ed McCormack
ARTspeak, New York, 16 novembre, 1989

Sebastian, *1989* – bronze, edition of 10
Sebastiano *– bronzo, edizione di 10*
height/*altezza* 30 (76)

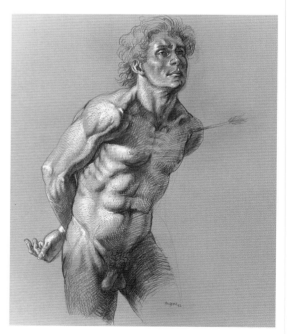

Drawing for Sebastian
Disegno per Sebastiano
36 x 30 (91.5 x 76)

Lady with flowers in her Hair, *1995* - marble, unique - **_Donna con fiori tra i capelli_** - *marmo, pezzo unico* height/*altezza* 14 (35.5)

opposite page/*pagina opposta*
The Truesdell Fountain
La fontana dei Truesdell

Lady with Flowers in her Hair, *1995* - bronze, edition of 10
Donna con fiori tra i capelli - *bronzo, edizione di 10*
height/*altezza* 10 (25,4)

back view/*veduta posteriore*

Fausta, *1992* - resin/*resina*
height/*altezza* 55 (140)

Athlete, *1992* - resin - **Atleta** - *resina*
height/*altezza* 55 (140)

Obelisk - bronze, unique
Obelisco - *bronzo, pezzo unico*
height/*altezza* 43 (109)

Sumo - bronze, edition of 10
bronzo, *edizione di 10*
height/*altezza* 12 (30.5)

Fighter, *1985* - bronze, edition of 10
Pugile - *bronzo, edizione di 10*
height/*altezza* 31¹/₂ (80)

Fighter and Trainer, *1985* - edition of 10
Pugile e allenatore - *edizione di 10*
height/*altezza* 31¹/₂ (80)
Agop Agapoff Memorial Prize,
National Sculpture Society, 1986
Premio Agop Agapoff Memorial,
National Sculpture Society, 1986

Seated Fighter, *1985* - bronze, edition of 10
Pugile seduto - *bronzo, edizione di 10*
height/*altezza* 21 (53.5)
side view/*veduta laterale*

Seated Fighter, back view
Pugile seduto, *veduta posteriore*

Seated Boy, *1992 - bronze, 1st of edition of 10*
Ragazzo seduto *- bronzo, 1° di edizione di 10*
Westmoreland Museum of Art, Greensburg, Pennsylvania
height/*altezza* 17$^1/_2$ (44.5)

Seated Boy, side view
Ragazzo seduto, *veduta laterale*

Study for Seated Boy
Bozzetto per Ragazzo Seduto
36 x 30 (91.5 x 76)

Harlequin, *1994* - bronze, edition of 10
Arlecchino - *bronzo, edizione di 10*
height/*altezza* 39 (99)

Detail of Harlequin
Dettaglio di Arlecchino

Crucifixion, *2000* - terra cotta, unique
Crocefissione - *terracotta, pezzo unico*
height/*altezza* 41 (104)

Fonderia d'Arte Massimo Del Chiaro,
Pietrasanta, Italy
where Sheppard's bronzes are cast
dove vengono fusi i bronzi di Sheppard

Lady in a Chair, *1994* - bronze, edition of 10
Donna su una sedia *- bronzo, edizione di 10*
height/*altezza* 36 (91.5)
Gold Medal, Percival Dietsch Prize, National Sculpture Society, 1994
Medaglia d'oro, Premio Percival Dietsch, National Sculpture Society, 1994

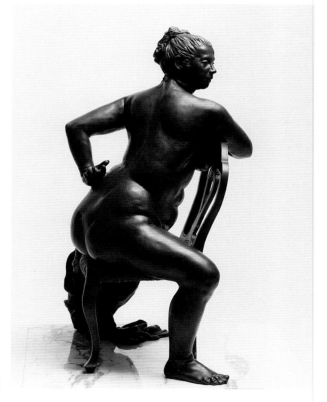

back view/*veduta posteriore*

Views of the house near Pietrasanta
Vedute della casa nei pressi di Pietrasanta

LIVING
IN THE TUSCAN TOWN
OF PIETRASANTA

VIVERE
NELLA CITTÀ TOSCANA
DI PIETRASANTA

LA DOLCE VITA

Joseph Sheppard bought this typical Italian farmhouse — stone-and-mortar with a shallow terra-cotta-style roof supported by vast exposed beams — 11 years ago, after a decade of splitting his time between Baltimore and a rented villa in Florence. "I'd been looking for a house for years, but property in Italy is very hard to come by," he tells me.

He had visited Pietrasanta during one of his explorations of the countryside and found himself very taken with this little artist colony situated near the coastal towns of Massa and Carrara, where marble has been quarried for more than 2,000 years. He also found himself drawn by the marble-worker's art that is the town's main industry. Pietrasanta has more than 100 commercial and private marble studios and seven bronze foundries.

When Joe found the ramshackle farmhouse with its eight acres of land and grove of olive trees for sale, he figured he'd found not only a home, but also a new artistic focus. Best known as a painter, he has completed a portrait of former President George Bush that will hang in the Bush Library in Houston come November, and he has painted several portraits of William Donald Schaefer, both as Baltimore's mayor and Maryland's governor. It was only here in Pietrasanta, whose name translates as "holy stone", that Joe fully developed his sculpting.

When his chance came to buy the farmhouse, he didn't take a lot to time to mull over the decision. "A friend, who'd also been looking for a place for years, had found this house and put a deposit on it. Then, almost immediately, he found a much larger place in Pisa. I looked at this farmhouse and said I'd take it that same day. I agreed to buy it without even seeing the kitchen, because the door was locked and we couldn't get in to see it," he recalls with laughter.

In the interest of economy, and to satisfy Italian property laws, Joe bought most of the land but only half the house. Moreno Meccheri, a tenant farmer who was born on the land, occupies the other side, along with his wife and, until her recent death at age 88, his mother. Moreno cares for and harvests the 100-plus trees in the olive grove and tends the vegetable garden, keeping half the olive oil and garden produce for himself.

"I had to gut the house," says Joe about what turned into a huge renovation project. "What's now the kitchen and my big studio were animal stalls. There was a hole in the roof, no windows, and no water or electricity. The house had stood empty for 60 years." The most livable part of the house at that time were the rooms above the stalls. They became the guest apartment, eventually boasting two bedrooms, a kitchen and dining area, a living room with a fireplace, and a small den. Joe lived here, in varying stages of comfort, while the renovations were under way.

He gave his art the room it needed, installing a painting studio directly below the apartment and constructing a marble studio on the footprint of an original shed on the edge of the courtyard. It is in this three-sided brick building that Joe makes the models for his marbles and bronzes.

Alongside the driveway, climbing the gentle slope toward the gate to the property, is Joe's sculpture garden. Several dramatic fragments from his large sculpture at Baltimore's Holocaust Memorial Plaza share the landscaped sculpture garden with works of a more classical bent.

The house renovations were still under way when Joe met Rita. Adding an interior designer to the mix might have proved a volatile element in Joe's ongoing home project, but their collaboration seems to have worked out beautifully. Both agree that the character of the farmhouse should be maintained, so furniture is simple and rustic.

Kate Tyndall
Excerpt from Style Magazine, July/August 1997

Joseph Sheppard ha comprato questa tipica casa colonica italiana — malta e pietra con tegole di terracotta sostenute da travi sporgenti — 11 anni fa, dopo un decennio in cui si divideva tra Baltimora ed una villa in affitto a Firenze. "Stavo cercando da anni, ma le case in Italia sono difficili da trovare", mi dice.

Era stato a Pietrasanta nel corso di una delle sue esplorazioni della campagna ed era stato colpito da questa piccola colonia di artisti nei pressi delle città costiere di Massa e Carrara, dove si estrae il marmo da più di 2000 anni. Fu anche attratto dall'arte della lavorazione del marmo, attività principale del paese. Pietrasanta ha più di 100 laboratori per la lavorazione del marmo e sette fonderie che lavorano il bronzo.

Quando Joe trovò i vendita la colonica in rovina con i suoi tre ettari di campi e oliveto, ritenne di aver trovato non solo una casa, ma anche un nuovo fulcro artistico. Noto principalmente come pittore, egli ha eseguito un ritratto dell'ex presidente americano George Bush che sarà esposto nella Biblioteca Bush di Houston il prossimo novembre, ed ha dipinto diversi ritratti di William Donald Schaefer, sia quando era sindaco di Baltimora, sia come governatore dello stato del Maryland. È stato solo qui a Pietrasanta, il cui nome evoca la santità della pietra, che Joe ha pienamente sviluppato la sua scultura.

Quando ebbe l'occasione di comprare il rustico, non stette molto a pensarci su. "Un amico, che come me stava cercando un fondo da anni, aveva trovato questa casa ed aveva versato una caparra. Poi, immediatamente dopo, trovò una proprietà molto più grande a Pisa. Vidi la colonica e dissi che l'avrei presa il giorno stesso. Acconsentii a comprarla senza neanche vedere la cucina perché la porta era chiusa a chiave e non riuscivamo ad entrare a vederla", ricorda ridendo.

Con un occhio ai costi, e per adeguarsi alle leggi sulla proprietà, Joe comprò la maggior parte del terreno, ma solo metà della casa. Moreno Meccheri, un fittavolo nato qui che lavora la terra, occupa l'altra porzione della casa con sua moglie e, fino alla sua recente scomparsa all'età di 88 anni, sua madre. Moreno si occupa della cura e del raccolto dei più di 100 alberi di olivo e dell'orto, tenendo per sé metà dell'olio e degli ortaggi.

Joe and Rita on the terrace
Joe e Rita sul terrazzo

"Ho dovuto sventrare la casa," ci dice Joe parlando di quella che è risultata essere una radicale ristrutturazione. "Dove ora ci sono la cucina ed il mio studio grande c'erano le stalle. C'era un buco nel tetto, non c'erano finestre, né acqua o elettricità. La casa era stata disabitata per 60 anni." La parte più abitabile della casa all'epoca erano le stanze sopra la stalla. Queste sono diventate nel frattempo l'appartamento per gli ospiti, con due camere, una zona pranzo e cucina, un soggiorno con caminetto ed un piccolo studiolo. Joe ha vissuto qui, in diversi stadi di rifinitura, mentre i lavori di ristrutturazione erano in corso.

Ha dedicato alla sua arte tutto lo spazio necessario, mettendo lo studio per la pittura direttamente sotto all'appartamento e costruendo uno studio per la scultura del marmo in fondo al cortile, dove un tempo sorgeva un deposito. È in questo edificio a tre pareti che Joe crea i modelli per le sue sculture in marmo e bronzo.

Lungo il vialetto che sale dolcemente verso il cancello d'ingresso si trova il giardino delle sculture di Joe. Alcuni drammatici frammenti della grande scultura che si trova nella Holocaust Memorial Plaza di Baltimora convivono con opere di tendenza più classica nello stesso paesaggio.

I lavori di ristrutturazione erano ancora in corso quando Joe conobbe Rita. L'aggiunta di una progettista d'interni all'insieme poteva rivelarsi un elemento esplosivo nel progetto in corso, ma la loro collaborazione pare aver funzionato in modo meraviglioso. Entrambi sono d'accordo sul mantenere le caratteristiche della casa colonica, quindi gli arredi sono semplici e rustici.

Kate Tyndall
Tratto da Style Magazine, luglio/agosto 1997

The Piazza in front of the house with a statue of St. Francis
La piazza davanti alla casa con una statua di S. Francesco

"No realist in recent years is more accomplished than Joseph Sheppard."

Claude LeSuer
ARTspeak
New York, New York, 1989

"Goya and Daumier, Bellows and Sloan and Marsh, Rubens and Vermeer, all have their place in the formation of Joseph Sheppard, and his work may stand easily in the presence of any."

Dennis Wepman
ARTspeak
New York, New York, 1987

"He draws, paints, lithographs, uses oil, tempera, watercolor, and sculpts… Joseph Sheppard has in his hands the gift of an astonishing technique that lets him do them all."

Romolo De Martino
La Nazione
Florence, Italy, 1978

"He is luminous, glowing, grand…"

Herald Tribune
New York, New York, 1963

"Gifted with a grand facility for drawing and possessing a profound knowledge of the Masters."

Review Modern
Paris, France, 1959

"With unwavering attention to mastering the details of human anatomy, Joseph Sheppard has translated the Old Masters' tradition into his figurative painting and sculptures."

Peggy Grant
American Artists
July 2001

"With his desire to recreate the great art of the past, Sheppard has the look of an extrovert and the daring of an innovator. What is surprising about that? Where not all the great historical, religious, political and artistic innovations achieved by imagining a return to their origins?"

Manlio Cancogni
L' Osservatore Romano
2001

"Nessuno dei realisti di questi ultimi anni è più abile di Joseph Sheppard."

Claude LeSuer
ARTspeak
New York, New York, 1989

"Goya e Daumier, Bellows e Sloan e Marsh, Rubens e Vermeer, hanno tutti il loro ruolo nella formazione di Joseph Sheppard, e la sua opera può stare al cospetto di ciascuno di questi."

Dennis Wepman
ARTspeak
New York, New York, 1987

"Disegna, dipinge, fa litografie, usa l'olio, la tempera, l'acquerello e scolpisce… Joseph Sheppard ha nelle mani il dono di una stupefacente tecnica che gli consente di fare tutto ciò."

Romolo De Martino
La Nazione
Firenze, 1978

"È luminoso, splendente, grande…"

Herald Tribune
New York, New York, 1963

"Dotato di un'estrema predisposizione per il disegno e di una profonda conoscenza dei grandi maestri."

Review Modern
Parigi, Francia, 1959

"Grazie ad una costante attenzione al controllo dei dettagli dell'anatomia umana, Joseph Sheppard ha interpretato la tradizione dei grandi maestri nella sua pittura e scultura figurativa."

Peggy Grant
American Artists
Luglio 2001

"Con il suo desiderio di ricreare la grande arte del passato, Sheppard ha l'aspetto dell'estroverso e l'audacia dell'innovatore. Cosa c'è di sorprendente? Non sono forse state ottenute per mezzo del ritorno alle origini tutte le grandi innovazioni storiche, religiose, politiche ed artistiche?"

Manlio Cancogni
L' Osservatore Romano
2001

JOSEPH SHEPPARD
Born, Owings Mills, Maryland, 1930
Studio/residence, Pietrasanta, Lucca, Italy

TRAINING
Maryland Institute of Art, 1948-1952
Guggenheim Travelling Fellowship to
Florence, Italy, 1957

AWARDS AND PRIZES (partial listing)
Peale Museum, Baltimore, Maryland
Emily Low Prize, Allied Artists of America, 1956
John F. and Ann Lee Stacey
Scholarship Award, 1958
Bronze Medal of Honor, Allied
Artists of America, 1963
First Purchase Award, Butler Institute
of American Art, 1963
John McDonough Prize, Butler Institute
of American Art, 1967
Governor's Prize, Maryland
Artists' Exhibition, 1971
Tallix Foundry Prize, National Sculpture
Society, 1983
Paul Puzinas Award, Allied Artists of America,
1984
William Meyerowitz Memorial Award, Allied Artists
of America, 1985
Agop Agapoff Memorial Prize, National Sculpture
Society, 1986
Silver Medal of Honor, Allied Artists
of America, 1986
Gold Medal, Percival Dietsch Prize, National
Sculpture Society, 1994

PUBLIC INSTALLATIONS (partial listing)
Mural in five panels, Police Department, Baltimore,
Maryland, 1975
Two murals, Peabody Court Hotel, Baltimore,
Maryland, 1987
Holocaust Memorial (15 foot bronze sculpture),
Baltimore, Maryland, 1988
Seven murals, Palmer House Hotel, Chicago,
Illinois, 1989
St. Francis of Assisi, life-size bronze sculpture,
St. Joseph's Hospital, Baltimore, Maryland, 1992

MUSEUM/COLLECTIONS (partial listing)
Butler Institute of American Art, Youngstown, Ohio
Davenport Municipal Art Gallery, Davenport, Iowa
Arizona Museum of Art, Tucson, Arizona
Columbus Museum of Fine Arts, Columbus, Ohio
Westmoreland Museum of Art, Greensburg,
Pennsylvania
Norfolk Museum of Arts and Sciences, Norfolk,
Virginia
Baltimore Museum of Art, Baltimore, Maryland
Brookgreen Gardens Museum of American
Sculpture, Murrells Inlet, South Carolina
Fine Arts Museum of the South, Mobile, Alabama
New Britain Museum of Art, New Britain,
Connecticut
Carnegie Institute Museum of Art, Pittsburgh,
Pennsylvania
Malcolm Forbes Collection, New York, New York
University of Maryland, College Park, Maryland
Washington County Museum, Hagerstown,
Maryland

PUBLICATIONS
Drawing the Female Figure (1975)
Watson-Guptil Publications
Pitman Publishing
New York and London

Drawing the Male Figure (1976)
Watson-Guptil Publications
Pitman Publishing
New York and London

Learning from the Masters (1979)
Watson-Guptil Publications
Pitman Publishing
New York and London

The Work of Joseph Sheppard (1982)
Giorgi & Gambi
Florence, Italy

Drawing the Living Figure (1984)
Watson-Guptil Publications
Pitman Publishing
New York and London

Bringing Textures to Life (1987)
Watson-Guptil Publications
Pitman Publishing
New York and London

Realistic Figure Drawing (1991)
North Light Books
Cincinnati, Ohio

Anatomy (1993)
Dover, Inc.
New York, New York

Joseph Sheppard, Sculptor (1993)
Giorgi & Gambi
Florence, Italy

Joseph Sheppard, Portraits (1996)
Giorgi & Gambi
Florence, Italy

REPRESENTATION
Marin-Price Galleries
7022 Wisconsin Avenue
Chevy Chase, MD 20815

20 North Gallery
20 N. St. Clair Street
Toledo, OH 45604

JOSEPH SHEPPARD
Nato a Owings Mills, Maryland, 1930
Studio/abitazione, Pietrasanta, Lucca, Italia

STUDI
Maryland Institute of Art, 1948-1952
Borsa di studio Guggenheim per Firenze, 1957

RICONOSCIMENTI E PREMI *(elenco parziale)*
Peale Museum, Baltimora, Maryland
Premio Emily Low Prize, Allied Artists
of America, 1956
Borsa di studio John F. e Ann Lee Stacey, 1958
Medaglia d'onore di bronzo, Allied Artists
of America, 1963
Premio First Purchase, Butler Institute
of American Art, 1963
Premio John McDonough, Butler
Institute of American Art, 1967
Premio del Governatore, Maryland Artists'
Exhibition, 1971
Premio Tallix Foundry, National Sculpture
Society, 1983
Premio Paul Puzinas, Allied Artists
of America, 1984
Premio William Meyerowitz Memorial,
Allied Artists of America, 1985
Premio Agop Agapoff Memorial, National Sculpture
Society, 1986
Medaglia d'onore d'argento, Allied Artists of
America, 1986
Medaglia d'oro, Premio Percival Dietsch, National
Sculpture Society, 1994

OPERE PUBBLICHE *(elenco parziale)*
Dipinto murale in cinque pannelli, Dipartimento di
Polizia, Baltimora, Maryland, 1975
Due dipinti murali, Peabody Court Hotel, Baltimora,
Maryland, 1987
Monumento commemorativo dell'Olocausto
Memorial (scultura bronzea di m 4.50), Baltimora,
Maryland, 1988
Sette dipinti murali, Palmer House Hotel, Chicago,
Illinois, 1989
S. Francesco d'Assisi, sculturea bronzea a grandezza
naturale, Ospedale St. Joseph's, Baltimora,
Maryland, 1992

MUSEI/COLLEZIONI *(elenco parziale)*
Butler Institute of American Art, Youngstown, Ohio
Davenport Municipal Art Gallery, Davenport, Iowa
Arizona Museum of Art, Tucson, Arizona
Columbus Museum of Fine Arts, Columbus, Ohio
Westmoreland Museum of Art, Greensburg,
Pennsylvania
Norfolk Museum of Arts and Sciences, Norfolk,
Virginia
Baltimore Museum of Art, Baltimora, Maryland
Brookgreen Gardens Museum of American
Sculpture, Murrells Inlet, South Carolina
Fine Arts Museum of the South, Mobile, Alabama
New Britain Museum of Art, New Britain,
Connecticut
Carnegie Institute Museum of Art, Pittsburgh,
Pennsylvania
Malcolm Forbes Collection, New York, New York
University of Maryland, College Park, Maryland
Washington County Museum, Hagerstown,
Maryland

PUBBLICAZIONI
Drawing the Female Figure (1975)
Watson-Guptil Publications
Pitman Publishing
New York and London

Drawing the Male Figure (1976)
Watson-Guptil Publications
Pitman Publishing
New York and London

Learning from the Masters (1979)
Watson-Guptil Publications
Pitman Publishing
New York and London

The Work of Joseph Sheppard (1982)
Giorgi & Gambi
Firenze, Italia

Drawing the Living Figure (1984)
Watson-Guptil Publications
Pitman Publishing
New York and London

Bringing Textures to Life (1987)
Watson-Guptil Publications
Pitman Publishing
New York and London

Realistic Figure Drawing (1991)
North Light Books
Cincinnati, Ohio

Anatomy (1993)
Dover, Inc.
New York, New York

Joseph Sheppard, Sculptor (1993)
Giorgi & Gambi
Firenze, Italia

Joseph Sheppard, Portraits (1996)
Giorgi & Gambi
Firenze, Italia

RAPPRESENTANZE
Marin-Price Galleries
7022 Wisconsin Avenue
Chevy Chase, MD 20815 USA

20 North Gallery
20 N. St. Clair Street
Toledo, OH 45604 USA

For informations write or call
Joseph Sheppard
3908 N. Charles Street, # 1200
Baltimore, Maryland 21218 USA
Tel. (410) 243-4866
Fax. (410) 235-7875
email: Studio@JOSEPHSHEPPARD.com
http://www.JOSEPHSHEPPARD.com

Printed in Italy
by Arti Grafiche Giorgi & Gambi
Firenze

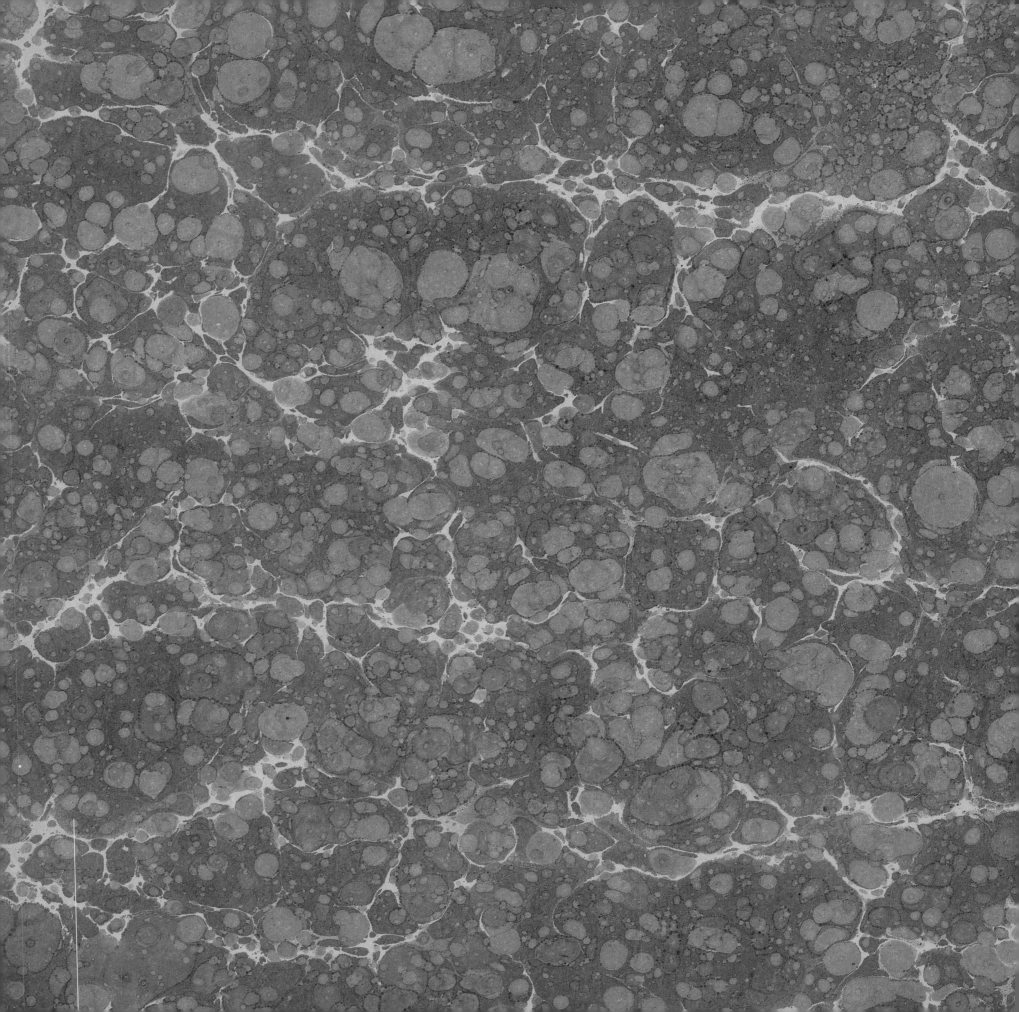